12093297 ARARIBA PLUS ARTE 8

Acesse
www.moderna.com.br/ac/livroportal
e siga as instruções para ter acesso aos conteúdos exclusivos do **portal** e fazer *download* do **livro digital**.

CÓDIGO DE ACESSO:
A 00064 ARPLART 8 16959

MODERNA

ARARIBÁ PLUS

ARTE 8

Organizadora: Editora Moderna
Obra coletiva concebida, desenvolvida e produzida pela Editora Moderna.

Editora Executiva:
Virginia Aoki

Livro acompanhado por um CD.

1ª edição

MODERNA

Elaboração de originais

Denis Rafael Pereira
Licenciado em História pela Faculdade de Ciências e Letras da Fundação Municipal de Ensino Superior de Bragança Paulista (SP). Licenciado em Pedagogia pelo Centro Universitário de Araras "Dr. Edmundo Ulson". Foi assessor técnico-pedagógico da Prefeitura de Itatiba (SP). Foi coordenador pedagógico da Prefeitura de Itatiba (SP) e da rede Sesi-SP. Editor.

Amélia Natalina Constante Garcia
Mestre em Artes Visuais pela Universidade Estadual Paulista "Júlio de Mesquita Filho" (Unesp). Analista técnico educacional da rede Sesi-SP. Professora universitária.

Beatriz Marsiglia
Licenciada em Educação Artística, com habilitação em Artes Cênicas, pela Universidade Estadual Paulista "Júlio de Mesquita Filho" (Unesp). Analista técnico educacional da rede Sesi-SP. Atriz e arte-educadora.

Beatriz Nogueira
Licenciada em Educação Artística pela Fundação Armando Álvares Penteado (SP).
Arte-educadora no ensino formal e informal das Artes Visuais. Formadora de professores. Artista.

Flávia Delalibera Iossi
Licenciada em Educação Artística, com habilitação em Artes Plásticas, pela Faculdade Santa Marcelina. Editora.

Francione Oliveira Carvalho
Bacharel em Artes Cênicas pela Faculdade de Artes do Paraná. Licenciado em Educação Artística, com habilitação na disciplina de Artes Cênicas, pelo Centro Universitário Belas Artes de São Paulo. Doutor em Educação, Arte e História da Cultura pela Universidade Presbiteriana Mackenzie. Pesquisador do Diversitas – Núcleo de Estudos das Diversidades, Intolerâncias e Conflitos da FFLCH/USP, onde realizou pós-doutoramento. Atua no Ensino Superior na formação de professores.

Luciana Barbosano
Licenciada em Letras pela Pontifícia Universidade Católica de São Paulo (PUC-SP). Editora.

Luciane Bonace Lopes Fernandes
Licenciada em Educação Artística pelo Centro Universitário Belas Artes de São Paulo. Mestre em Estética e História da Arte pela Universidade de São Paulo (USP). Professora.

Marcelo Cabarrão Santos
Bacharel em Artes Cênicas pela Faculdade de Artes do Paraná. Licenciado em Artes pelo Centro Federal de Educação Tecnológica do Paraná. Professor e ator.

Maria Clara Wasserman
Licenciada e bacharel em História pela Universidade Federal do Paraná. Especialista em História da Arte com ênfase em Música pela Escola de Música e Belas Artes do Paraná (Embap). Mestre em História pela Universidade Federal do Paraná. Professora do Ensino Fundamental e Médio.

Marina Balastreire Angelo
Licenciada e bacharel em Dança pela Universidade Estadual de Campinas (Unicamp). Mestre em Educação pela Universidade Estadual de Campinas (Unicamp). Professora da rede Sesi-SP.

Nilza Ruth da Silva
Licenciada em Educação Artística com habilitação em Artes Plásticas pela Faculdade de Belas Artes de São Paulo. Especialista em Arte e Educação pela Escola de Comunicações e Artes da Universidade de São Paulo (USP). Professora da Etec Getúlio Vargas (SP).

Paulo Veríssimo
Bacharel em Música pela Universidade Estadual Paulista "Júlio de Mesquita Filho" (Unesp). Mestre em Música pela Universidade Estadual Paulista "Júlio de Mesquita Filho" (Unesp). Músico e professor.

Renata de Oliveira Frederico
Licenciada em Educação Artística pela Universidade do Sagrado Coração. Instrumentista pela Universidade do Sagrado Coração. Mestre em Educação pela Universidade Federal de São Carlos. Professora de educação musical na Educação Infantil e no Ensino Fundamental. Professora universitária.

Robson Camargo
Doutor em Artes pela Universidade de São Paulo (USP). Coordenador do Programa de Pós-graduação em *Performances* Culturais da Universidade Federal de Goiás (UFG). Encenador e crítico teatral.

MODERNA

Coordenação editorial: Denis Rafael Pereira
Edição de texto: Denis Rafael Pereira, Flávia Delalibera Iossi, Luciana Barbosano
Assistência editorial: Erik Teixeira dos Santos, Luísa Maciel
Preparação de texto: Denise Ceron
Gerência de *design* e produção gráfica: Sandra Botelho de Carvalho Homma
Coordenação de *design* e produção gráfica: Everson de Paula
Suporte administrativo editorial: Maria de Lourdes Rodrigues (coord.)
Coordenação de *design* e projeto gráfico: Marta Cerqueira Leite
Projeto gráfico: Daniel Messias, Everson de Paula, Rafael Mazzari
Capa: *Criação*: Sandra Botelho de Carvalho Homma
Produção e direção de arte: Everson de Paula
Finalização: Otávio dos Santos
Foto: Apresentação do espetáculo *Saga nordestina*, do Coletivo Teatral Sala Preta, em Barra Mansa (RJ), 2010. © Marcelo Bravo
Coordenação de arte: Patricia Costa, Wilson Gazzoni Agostinho
Edição de arte: Rodolpho de Souza
Editoração eletrônica: Tangente Design
Ilustrações: Alex Affonso, Luiz Rubio
Áudio: Núcleo – Serviços Audiovisuais Ltda. – EPP (faixas 01, 02, 03, 06, 08, 09, 12, 13, 14, 15, 17, 19, 20, 22)
Créditos do CD: Faixas 01: Intérprete: Marcelo Pacheco; **02**: Intérprete: Marcelo Pacheco; **03**: Arranjo, execução e voz: Marcelo Pacheco / Voz: Johnatan Sabin e Thais Helena; **05**: Sineiros de São João del-Rei; **06**: Intérprete: Marcelo Pacheco; **07**: Acervo Antonio Carlos Gomes/ Centro de Ciências, Letras e Artes – Campinas-SP; **08**: Intérprete: Marcelo Pacheco; **09**: Arranjo, execução e voz: Marcelo Pacheco; **12**: Intérprete: Marcelo Pacheco; **13**: Arranjo, execução e voz: Marcelo Pacheco; **14**: Arranjo e execução: Marcelo Pacheco; **15**: Intérprete: Marcelo Pacheco; **16**: Direção musical: Beatriz De Luca / Arranjo: Charles Dalla e Beatriz De Luca / Piano: Charles Dalla; **17**: Arranjo, execução e voz: Marcelo Pacheco / Voz: Tarsila Amorim, Thais Helena; **20**: Intérprete: Marcelo Pacheco; **21**: Arranjo, execução e voz: Marcelo Pacheco / Voz: Tarsila Amorim e Thais Helena
Coordenação de revisão: Elaine C. del Nero
Revisão: Vânia Cobiaco
Coordenação de pesquisa iconográfica: Luciano Baneza Gabarron
Pesquisa iconográfica: Etoile Shaw, Camila D'Angelo, Vanessa Manna
Coordenação de *bureau*: Américo Jesus
Tratamento de imagens: Bureau São Paulo, Fabio N. Precendo, Marina M. Buzzinaro, Resolução Arte e Imagem
Pré-impressão: Alexandre Petreca, Everton L. de Oliveira, Hélio P. de Souza Filho, Marcio H. Kamoto, Rubens M. Rodrigues, Vitória Sousa
Coordenação de produção industrial: Viviane Pavani
Impressão e acabamento: Brasilform Editora e Ind. Gráfica
Lote: 206550

Dados Internacionais de Catalogação na Publicação (CIP)
(Câmara Brasileira do Livro, SP, Brasil)

Araribá plus : arte / obra coletiva concebida, desenvolvida e produzida pela Editora Moderna ; editora executiva Virginia Aoki. – 1. ed. – São Paulo : Moderna, 2014.

Obra em 4 v. para alunos do 6º ao 9º ano.
Bibliografia.

1. Arte (Ensino fundamental) I. Aoki, Virginia.

14-10692 CDD-372.5

Índices para catálogo sistemático:
1. Arte : Ensino fundamental 372.5

ISBN 978-85-16-09329-7 (LA)
ISBN 978-85-16-09330-3 (LP)

EDITORA MODERNA LTDA.
Rua Padre Adelino, 758 – Belenzinho
São Paulo – SP – Brasil – CEP 03303-904
Vendas e Atendimento: Tel. (0_ _11) 2602-5510
Fax (0_ _11) 2790-1501
www.moderna.com.br
2017
Impresso no Brasil

1 3 5 7 9 10 8 6 4 2

APRESENTAÇÃO

Caros alunos,

A **arte** está mais presente em nosso cotidiano do que imaginamos. Basta olharmos ao redor e perceberemos que a arte está presente em aspectos do dia a dia, como na música que gostamos de ouvir, nas cores e nos modelos de roupas que vestimos, nos filmes e nos programas de televisão a que assistimos etc.

Neste livro, você terá a oportunidade de conhecer e estudar quatro linguagens artísticas: as **artes visuais**, a **dança**, o **teatro** e a **música**. Além de apreciar obras dessas quatro linguagens, você poderá interpretar as produções de diferentes artistas e até mesmo produzir suas obras.

Nesta edição, você também conhecerá os **Hábitos da mente**. Eles o ajudarão a alcançar melhores resultados tanto nas tarefas escolares quanto em situações do cotidiano.

Esperamos que este livro desperte ainda mais seu interesse pela arte e contribua com a formação de seu repertório cultural.

Ótimo estudo!

CONHEÇA O SEU LIVRO

ABERTURA DE UNIDADE

No início de cada Unidade, você vai encontrar um pequeno texto e uma imagem relacionados aos assuntos que serão desenvolvidos.

As questões propostas em Começando a Unidade convidam você a analisar a imagem de abertura e a ter um primeiro contato com os temas que serão estudados.

TEMAS

As Unidades são divididas em temas que desenvolvem os conteúdos de modo claro e organizado.

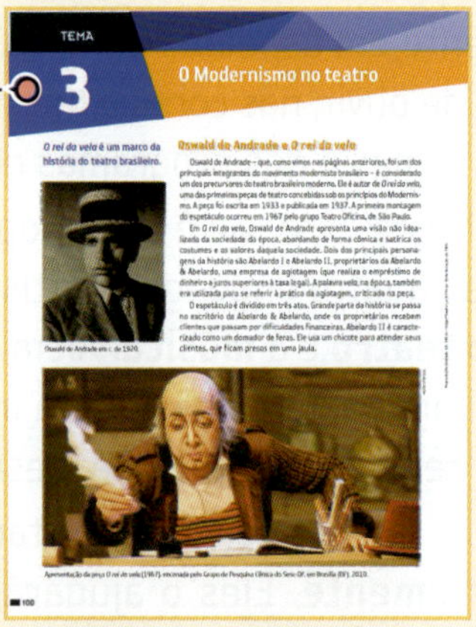

DE OLHO NO TEXTO

Seção com diferentes tipos de texto e atividades que estimulam a leitura e a compreensão de texto.

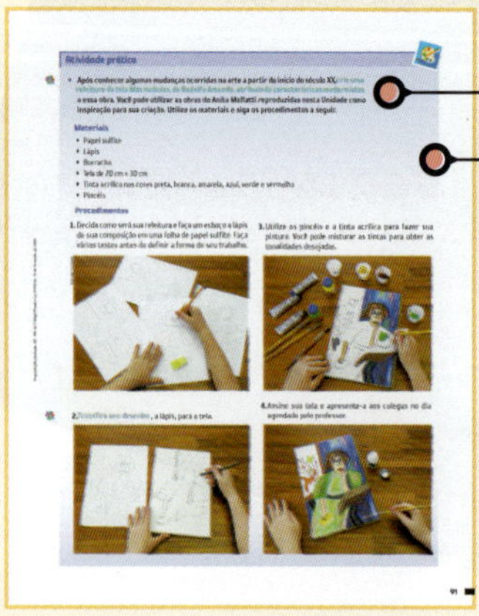

HÁBITOS DA MENTE

Sinaliza atividades em que você vai praticar a busca de soluções inteligentes para desafios escolares e do dia a dia.

ATIVIDADE PRÁTICA

Atividades de criação em que você poderá exercitar os conteúdos desenvolvidos na Unidade.

ATIVIDADE

Atividades que propõem momentos de reflexão e permitem a sistematização dos conteúdos desenvolvidos na Unidade.

DE OLHO NA OBRA

Seção que apresenta a análise de obras das diversas linguagens artísticas. Nessa seção, os conteúdos são abordados a partir de detalhes das imagens. Você também poderá encontrar atividades que dialogam com os conteúdos explorados na seção.

CD

Sinaliza o momento em que é necessário trabalhar com o conteúdo disponível no CD.

OBJETO DIGITAL

Indica que existem jogos, vídeos, atividades ou outros recursos no livro digital.

BOXE

Textos que ampliam o conhecimento e estimulam a reflexão sobre os temas estudados.

DIALOGANDO COM

Indica os conteúdos que podem ser trabalhados em parceria com outras disciplinas.

GLOSSÁRIO

No glossário você encontra explicações sobre as palavras destacadas no texto.

INDICAÇÕES

Sugestões de leituras, vídeos, *sites*, CDs e visitas a instituições culturais que complementam o conteúdo da Unidade.

Ícones que indicam as atividades práticas

Artes visuais

Dança

Teatro

Música

O QUE SÃO OS HÁBITOS DA MENTE

9 atitudes muito úteis para o seu dia a dia

Os Hábitos da mente são atitudes que nos ajudam a lidar com as mais diversas situações da vida. Essas situações se apresentam em forma de problemas, de oportunidades, de escolhas, de conflitos, de responsabilidades.

Esforçar-se por exatidão e precisão

Revise o seu trabalho. Busque exatidão, precisão e excelência em tudo o que faz.

- Seu trabalho de pesquisa continha dados equivocados e imprecisos. Você terá de refazê-lo; porém, desta vez, esforçando-se por apresentar dados precisos e fundamentados.

Pensar e comunicar-se com clareza

Organize seus pensamentos e comunique-se de forma clara. Evite generalizações, distorções e omissões de dados.

- Você organizou suas ideias e buscou a forma mais clara de se comunicar com as pessoas, dando exemplos, utilizando metáforas... E todos se interessaram pelo que você tinha a dizer!

Pensar com flexibilidade

Mude de perspectiva, crie alternativas. Considere novas opções para solucionar a questão.

- Você tem boas ideias para resolver uma questão, mas seus colegas também! Será que você deve insistir na sua proposta ou pensar com flexibilidade?

Escutar os outros com atenção e empatia

Escute as ideias de outras pessoas. Entenda o ponto de vista e as emoções do outro.

- Em vez de insistir na sua ideia, você escutou com atenção as opiniões dos colegas. Com isso, fizeram uma revisão da matéria e esclareceram os pontos de discordância.

Questionar e levantar problemas

Esteja alerta. Busque os dados necessários para resolver novas questões. **Levante problemas para resolver**.

- Você fez um excelente questionamento, e a turma ficou tão interessada em descobrir a resposta que todos pesquisaram sobre a questão. Sua curiosidade vai levá-lo longe!

Assumir riscos com responsabilidade

Aventure-se. Informe-se sobre as possíveis consequências de uma decisão.

- Passar o dia com os amigos ou estudar para a prova de segunda-feira? Quando está diante de um dilema, você pesa os prós e os contras para assumir riscos, mas com responsabilidade!

Aplicar conhecimentos prévios a novas situações

Use o que você sabe. Coloque seu conhecimento em prática em novas situações.

- Durante a prova, você usou o que havia aprendido em situações anteriores para resolver as questões novas. Você é mestre em dar sentido às informações que recolhe!

Controlar a impulsividade

Pense antes de agir. Invista tempo para entender uma tarefa e planeje suas ações.

- Parece que você não entendeu bem a tarefa... E agora?! Precisa aprender a controlar seus impulsos e pensar antes de agir.

Persistir

Não desista. Esforce-se um pouco mais. Busque outras formas de resolver o problema.

- Mesmo não sendo sua matéria favorita, você se esforçou e se dedicou para a prova. O resultado de sua persistência se refletiu em seu desempenho, proporcionando satisfação pessoal!

Ao final do livro, você poderá conhecer melhor os Hábitos da mente. Você verá também como avaliar seu desempenho no uso de cada um desses hábitos.

SUMÁRIO

UNIDADE 1

O patrimônio cultural brasileiro 14

UNIDADE 2

Arte e beleza na região das minas 28

UNIDADE 3

Um olhar sobre o Brasil 46

UNIDADE 4

A arte de retratar o cotidiano 64

UNIDADE 5

O modernismo brasileiro 86

UNIDADE 6

A expressão do artista 104

UNIDADE 7

Canções que falam do Brasil 118

UNIDADE 8

O artista popular e sua obra 130

UNIDADE 9

Arte e poesia popular 150

UNIDADE 1

O PATRIMÔNIO CULTURAL BRASILEIRO

É comum depararmos com monumentos, paisagens, prédios, danças, músicas e saberes que despertam nossa atenção e parecem "tocar nossa alma", pois revelam aspectos da história e da cultura do Brasil. A capoeira, por exemplo, transmitida de geração a geração, revela a influência africana na formação cultural do Brasil.

Começando a Unidade

1. Você conhece movimentos ou canções característicos da capoeira? Converse sobre o assunto com os colegas.
2. Na região onde você vive, há monumentos ou manifestações culturais que se destacam por revelar aspectos da história ou da cultura do Brasil?

Apresentação de capoeira em Salvador (BA), 2009.

STEFAN KOLUMBAN/PULSAR IMAGENS

TEMA

1 A capoeira

A capoeira é uma manifestação cultural afro-brasileira.

Um símbolo da identidade nacional

A foto reproduzida na abertura desta Unidade é de um grupo de pessoas praticando **capoeira**, manifestação cultural de origem afro-brasileira que reúne elementos da dança e da música. Em sua origem, a capoeira era usada pelos africanos escravizados como forma de defesa. Com o passar do tempo, foi adquirindo diferentes características e, atualmente, é vista como uma luta dançada e também um jogo em que os praticantes utilizam diferentes movimentos e golpes para demonstrar sua habilidade e sua força física.

Atualmente, a capoeira é praticada por pessoas de diferentes classes sociais, tanto no Brasil quanto no exterior. Durante muito tempo, entretanto, ela não foi bem vista e chegou a ser proibida. O Código Penal brasileiro de 1890 previa a pena de até seis meses para quem fosse flagrado "no exercício da capoeiragem". Apenas a partir da década de 1930 a prática foi descriminalizada e passou a ser considerada símbolo da identidade nacional.

Veja na imagem ao lado como o pintor Johann Moritz Rugendas (1802-1858) representou a capoeira no século XIX.

BIBLIOTECA MUNICIPAL MÁRIO DE ANDRADE, SÃO PAULO

Jogo de capoeira ou dança da guerra (c. 1835), de Johann Moritz Rugendas. Litografia, 29 cm × 24,3 cm. *Viagem pitoresca através do Brasil*, 1835. Biblioteca Municipal Mário de Andrade, São Paulo (SP).

Atividades

1. Descreva a cena representada na obra acima. O que mais chamou sua atenção?

____

____

2. Junte-se a um colega e discutam a seguinte questão: por que a prática da capoeira já foi considerada crime? Registrem as conclusões no caderno e, no dia agendado pelo professor, **apresentem a opinião de vocês** aos demais colegas.

Estilos de capoeira

Na década de 1930, com a descriminalização da prática, evidenciaram-se duas modalidades principais de capoeira: a **angola** e a **regional**.

A capoeira angola segue os principais elementos das danças e lutas africanas e se mantém ligada a crenças e tradições religiosas. Vicente Francisco Ferreira Pastinha (1889-1981), conhecido como Mestre Pastinha, foi pioneiro no ensino de capoeira angola no Brasil. Ele abriu a primeira academia de capoeira angola em Salvador, na Bahia, em 1935, e disse que aprendeu a capoeira com um angolano chamado Benedito.

A capoeira regional, por sua vez, manteve as origens africanas, mas incorporou elementos de outras artes marciais. O capoeirista baiano Manoel dos Reis Machado (1899-1974), o Mestre Bimba, foi o principal responsável pela criação e pela divulgação da capoeira regional no Brasil. Mestre Bimba fundou em 1932, em Salvador, na Bahia, a primeira escola de capoeira regional do Brasil.

A escola de Mestre Bimba recebeu o primeiro registro oficial em 1937 e passou a denominar-se Centro de Cultura Física e Capoeira Regional. Mestre Bimba foi pioneiro ao criar um projeto esportivo e pedagógico para a capoeira e a estabelecer regras de comportamento para os capoeiristas.

Os mestres Pastinha e Bimba foram fundamentais para o reconhecimento e para a difusão da prática da capoeira no Brasil e no exterior. Com o trabalho deles, a capoeira passou a ser vista como atividade esportiva, e seus principais elementos, como os golpes e os movimentos, passaram a ser organizados e estruturados.

GLOSSÁRIO

Artes marciais: conjunto de técnicas de luta individual, como o judô, o caratê, o *kung fu* e o *tae kwon do*.

ARQUIVO/AGÊNCIA A TARDE/FOLHAPRESS

Mestre Pastinha. Fotografia de data desconhecida.

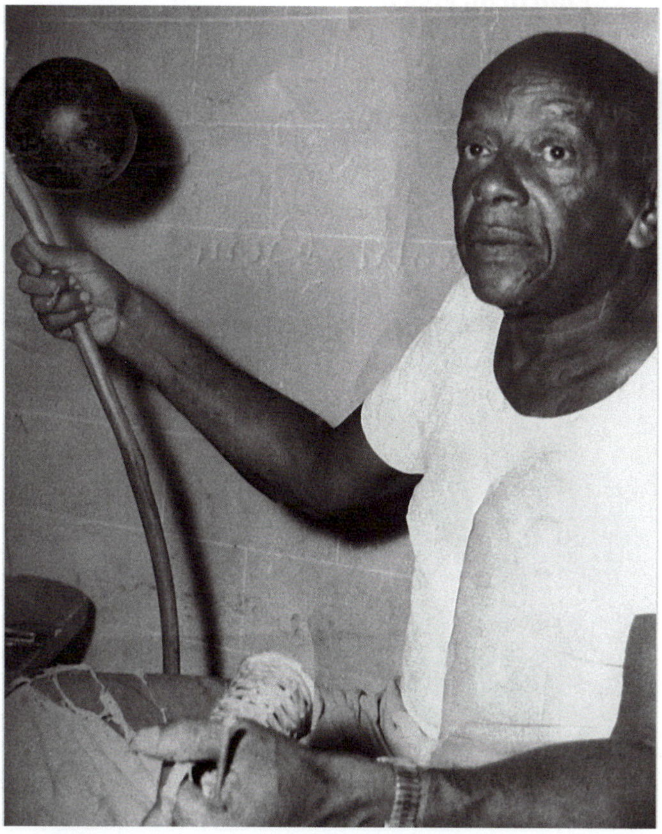

ARQUIVO/AGÊNCIA A TARDE/FOLHAPRESS

Mestre Bimba. Fotografia de data desconhecida.

Os movimentos característicos da capoeira

Nas apresentações, os capoeiristas se posicionam em **roda**, no centro da qual eles se revezam apresentando os movimentos e os golpes. É também na roda que os mestres de capoeira transmitem seus conhecimentos aos alunos. O **mestre** é a figura mais importante em uma roda de capoeira.

No centro da roda, é realizado o principal movimento da capoeira: a **ginga**. Na ginga, o capoeirista movimenta-se de um lado para o outro posicionando sempre uma das pernas atrás do corpo. Durante esse movimento, quando a mão direita do capoeirista está à frente, o pé direito fica atrás do corpo, e quando a mão esquerda está à frente, o pé esquerdo fica atrás do corpo. Nesse movimento, o capoeirista procura enganar o adversário, tanto para atacar quanto para se defender.

Além da ginga, diversos outros movimentos e golpes são realizados na capoeira. Esses movimentos e golpes apresentam variações de acordo com o estilo de capoeira: angola ou regional.

De Nzinga a ginga

Nzinga Mbandi Ngola foi rainha de Matamba e Angola, na África, entre 1587 e 1663. A rainha Nzinga ficou conhecida por ter resistido à ocupação colonial e ao tráfico de escravos em seus reinos por cerca de 40 anos. Desde então, Nzinga tornou-se símbolo da luta contra a opressão. Acredita-se que os africanos escravizados que foram trazidos para o Brasil tenham denominado o principal movimento da capoeira como ginga em homenagem à rainha Nzinga.

Dialogando com Educação Física

Atividade prática

- Você vai **treinar a execução da ginga**. Para isso, utilizando um giz, desenhe um triângulo equilátero (de lados iguais) no chão da sala ou de outro espaço indicado pelo professor. Coloque os pés sobre dois vértices do triângulo e vá, alternadamente, pisando com um dos pés no terceiro vértice. Não se esqueça de que as mãos devem se alternar em sentido contrário ao dos pés. Depois, junte-se a um colega e façam, em dupla e com sincronia, os movimentos da ginga.

FOTOS: FERNANDO FAVORETTO

A música na capoeira

O ritmo das rodas de capoeira é ditado pelo toque de diferentes instrumentos musicais, como o berimbau, o pandeiro, o agogô e o atabaque. De origem africana, o berimbau é um instrumento constituído de uma vara de madeira em forma de arco em que se estica uma corda de aço. Em uma das extremidades do berimbau fica a cabaça, peça que funciona como uma caixa de ressonância, ou seja, ajuda a amplificar o som. O som desse instrumento é gerado quando a corda de aço é percutida por uma vareta e uma moeda ou objeto similar que, ao encostar na corda, muda a altura das notas emitidas. Ao tocar o berimbau, deve-se aproximar e distanciar a cabaça da barriga como forma de diversificar ainda mais os sons obtidos. Ouça, na faixa 01 do CD, o som do berimbau.

A utilização dos instrumentos depende do estilo de roda de capoeira. Ou seja, há variações na composição dos instrumentos se a roda é de capoeira angola ou regional. Na capoeira regional o ritmo também é ditado pelas palmas dos participantes da roda. Ouça, na faixa 02 do CD, o som de cada um dos estilos de roda de capoeira.

Durante toda a apresentação da capoeira há cantos. Em alguns momentos, eles são entoados em coro e, em outros, por um solista. Nos momentos de solo, o verso proferido pelo solista é respondido pelos demais integrantes da roda.

Leia, a seguir, a letra de "Marinheiro só", canção da tradição popular muito comum em rodas de capoeira. Depois, ouça, na faixa 03 do CD, uma gravação dessa música.

De olho na imagem

Conheça os instrumentos usados nas rodas de capoeira.

Marinheiro só

"Eu não sou daqui
Marinheiro só
Eu não tenho amor
Marinheiro só
Eu sou da Bahia
Marinheiro só
De São Salvador
Marinheiro só
(2x)

Ó marinheiro, marinheiro
Marinheiro só
Quem te ensinou a nadar
Marinheiro só
Ou foi o tombo do navio
Marinheiro só
Ou foi o balanço do mar
Marinheiro só
Refrão (2x)

Lá vem, lá vem
Marinheiro só
Como ele vem faceiro
Marinheiro só
Todo de branco
Marinheiro só
Com seu bonezinho
Marinheiro só
(2x)

Refrão (2x)"

Da tradição popular.

CESAR DINIZ/PULSAR IMAGENS

Percussionista tocando berimbau em roda de capoeira, em Ruy Barbosa (BA), 2014. Observe que o percussionista segura um pequeno chocalho nas mãos. Chamado **caxixi**, esse chocalho faz o acompanhamento rítmico do berimbau.

Atividade prática

- Seguindo as orientações do professor, junte-se aos colegas e **formem uma roda de capoeira** ao som da canção da faixa 03 do CD. Enquanto alguns alunos gingam no centro da roda, os demais devem acompanhar a apresentação batendo palmas para marcar o ritmo.

TEMA

2 O patrimônio cultural brasileiro

O patrimônio cultural é o conjunto de bens relevantes para a construção e a manutenção da identidade de um povo.

O patrimônio cultural

As formas de expressão, os saberes, as obras de arte, as construções de reconhecido valor histórico e arquitetônico, os sítios arqueológicos e os ambientes naturais de importância paisagística são exemplos de bens que compõem o **patrimônio cultural** de um país.

No Brasil, o órgão responsável pela identificação, documentação, preservação e revitalização de bens que compõem o patrimônio cultural é o Instituto do Patrimônio Histórico e Artístico Nacional (Iphan). Desde sua fundação, em 1937, o Iphan reconheceu muitos bens como patrimônio nacional e, com o apoio das comunidades, promoveu várias ações de preservação.

Uma das principais atividades do Iphan é o **tombamento**, ou seja, o reconhecimento oficial do valor cultural de um bem. Esse reconhecimento impede que o bem seja destruído ou descaracterizado.

ALF RIBEIRO/PULSAR IMAGENS

Vista do centro histórico de Paraty (RJ), 2014. O conjunto arquitetônico e paisagístico da cidade foi tombado pelo Iphan em 1958 como bem cultural brasileiro.

O patrimônio mundial

Em 1972, a Organização das Nações Unidas para a Educação, a Ciência e a Cultura (Unesco) fundou a Convenção do Patrimônio Mundial com o objetivo de incentivar a preservação dos bens culturais e naturais considerados significativos para a humanidade. O centro histórico de Diamantina, em Minas Gerais, e a Reserva da Biosfera da Mata Atlântica, que abrange áreas de 15 estados do país, são exemplos de bens brasileiros reconhecidos como parte do patrimônio mundial.

ZIG KOCH/NATUREZA BRASILEIRA

Paisagem de Mata Atlântica no estado do Paraná. Foto de 2014.

Atividade

- **De acordo com o parágrafo 1º do artigo 216 da Constituição Federal de 1988, cabe ao poder público, com a colaboração da comunidade, a proteção do patrimônio cultural. Como a população pode colaborar com a preservação desse patrimônio? No dia agendado pelo professor, conte suas conclusões aos colegas e ouça a opinião deles.**

Os bens imateriais

Algumas formas de expressão e saberes são considerados **bens imateriais** por contribuírem para a formação da identidade cultural do Brasil. A roda de capoeira e o ofício dos mestres de capoeira, por exemplo, foram reconhecidos, em 2008, como bens imateriais. Também são considerados bens imateriais:

- o Fandango Caiçara, no Paraná e em São Paulo;
- o Frevo, em Pernambuco;
- o Jongo, na Região Sudeste;
- o ofício das baianas de acarajé, na Bahia;
- a produção artesanal de queijo, em algumas regiões de Minas Gerais;
- o ofício das paneleiras do bairro de Goiabeiras, em Vitória (ES);
- os saberes e práticas associados ao modo de fazer bonecas Karajá, em Goiás e em Tocantins;
- o sistema agrícola tradicional dos povos indígenas que vivem às margens do Rio Negro, no Amazonas;
- o Tambor de Crioula, no Maranhão.

JOÃO PRUDENTE/PULSAR IMAGENS

Produção de panelas de barro no bairro de Goiabeiras, em Vitória (ES), 2011.

Para saber mais

Queijo mineiro.

ZIG KOCH/NATUREZA BRASILEIRA

Apresentação de Fandango Caiçara, Paranaguá (PR), 2010.

RENATO WEIL/EM/D.A. PRESS

Produção artesanal de queijo, São Roque de Minas (MG), 2011.

A "voz" dos tambores no Tambor de Crioula

O Tambor de Crioula foi reconhecido como parte do patrimônio cultural brasileiro em 2007. Os cantos entoados e o modo como os percussionistas tocam os tambores nessa manifestação cultural são transmitidos de geração a geração e revelam a herança africana na identidade cultural do Brasil. Ouça, na faixa 04 do CD, uma canção característica das apresentações de Tambor de Crioula.

De olho na imagem

Conheça outros bens imateriais reconhecidos pelo Iphan.

DE OLHO NA OBRA

Em 2007, o Iphan reconheceu o **Frevo** como parte integrante da lista de bens imateriais que compõem o patrimônio cultural brasileiro. O Frevo é uma expressão musical, coreográfica e poética que começou no Carnaval pernambucano no final do século XIX. Estudiosos defendem a ideia de que o termo *frevo* tenha se originado da palavra *fervo*, numa alusão ao ritmo quente da dança. O artista Militão dos Santos (1956-) representou o Frevo e o Carnaval pernambucano na obra reproduzida nesta seção.

COLEÇÃO DO ARTISTA

Frevo (2012), de Militão dos Santos. Óleo e acrílica sobre tela, 60 cm × 40 cm. Coleção do artista.

Detalhes da obra

1. A coreografia

A coreografia do Frevo se caracteriza por apresentar movimentos frenéticos e vigorosos, em que os passistas flexionam pernas e braços, sobem e descem o corpo, dão saltos e simulam expressões faciais. Acredita-se que vários desses elementos tenham sido incorporados da ginga da capoeira.

2. O guarda-chuva

Um dos símbolos mais marcantes do Frevo é o guarda-chuva que os passistas levam nas mãos.

3. O estandarte

O estandarte é uma espécie de bandeira que representa as agremiações de Frevo durante as apresentações no Carnaval. O responsável por levar o estandarte é o porta-estandarte, que, como vemos na obra de Militão dos Santos, usa peruca branca, luvas, sapatos com fivelas e uma espécie de farda.

4. Os bonecos gigantes

Além do Frevo, estão representados na obra de Militão dos Santos os bonecos gigantes característicos do Carnaval pernambucano. Esses bonecos representam artistas, políticos e outras pessoas famosas.

ROMULO FIALDINI - MUSEU DE ARTE SACRA, SÃO PAULO

Nossa Senhora das Dores (século XVIII), de Antônio Francisco Lisboa (Aleijadinho). Escultura de madeira policromada, dimensões variadas. Museu de Arte Sacra de São Paulo (SP).

Os bens materiais

Os **bens materiais** que fazem parte do patrimônio cultural são os que podem ser tocados. Eles podem ser **móveis** (por exemplo, documentos, pinturas e esculturas) ou **imóveis** (por exemplo, conjuntos urbanos, monumentos e paisagens).

São bens materiais pertencentes ao patrimônio cultural brasileiro, por exemplo:

- os conjuntos arquitetônicos das cidades de Ouro Preto, em Minas Gerais, Paraty, no Rio de Janeiro, e São Luís, no Maranhão;
- o estádio do Maracanã, no Rio de Janeiro (RJ);
- as grutas do Lago Azul e de Nossa Senhora Aparecida, em Bonito, no Mato Grosso do Sul;
- a imagem de Nossa Senhora das Dores, produzida no século XVIII por Antônio Francisco Lisboa (1738-1814), o Aleijadinho, e que se encontra no Museu de Arte Sacra de São Paulo (SP);
- as jarras de louça da fábrica de Santo Antônio do Porto, em Cachoeira, na Bahia;
- o Monumento à Independência, em São Paulo (SP);
- a pintura *Vista da Baía Sul* (c. 1851), de Victor Meirelles (1832-1903), que está sob custódia do Museu Casa de Victor Meirelles, em Florianópolis, Santa Catarina;
- o prédio do Teatro São João, em Lapa, no Paraná;
- o prédio e o entorno do Mercado Municipal de Manaus, no Amazonas;
- a Serra da Barriga, em União dos Palmares, em Alagoas.

De olho na imagem

Conheça outros bens materiais reconhecidos pelo Iphan.

PAULO FRIDMAN/PULSAR IMAGENS

Interior da Gruta do Lago Azul, em Bonito (MS), 2010.

MAURICIO SIMONETTI/PULSAR IMAGENS

Fachada do Teatro São João, em Lapa (PR), 2014.

Atividades

1. **Classifique os bens culturais citados nesta página como móveis e imóveis.**

____

____

____

2. **Seguindo a orientação do professor, escolha um dos bens apresentados nesta página e faça uma breve pesquisa para descobrir sua importância cultural. No dia agendado pelo professor, apresente os resultados da pesquisa para os colegas.**

TEMA

3 Brasília, patrimônio cultural mundial

Brasília é um símbolo da arquitetura brasileira.

A capital federal

Em 21 de abril de 1960 foi inaugurada, no Planalto Central do Brasil, a cidade de Brasília, que se tornou a capital federal.

Em 1956, o então presidente da República Juscelino Kubitschek (1902-1976) convidou o arquiteto Oscar Niemeyer (1907-2012) para dirigir o departamento responsável pela construção de Brasília. Niemeyer projetou diversos prédios públicos de Brasília, como o Palácio da Alvorada, as instalações do Congresso Nacional, o Palácio do Planalto e o prédio do Supremo Tribunal Federal. Ele também foi responsável pela organização do concurso que escolheu o projeto para a construção de Brasília. O projeto vencedor, chamado **Plano Piloto**, foi o do arquiteto e urbanista Lucio Costa (1902-1998), escolhido por sua simplicidade, clareza e espírito inovador.

Lucio Costa desenhou seu projeto em forma de cruz, com os braços curvos, como se fosse um grande pássaro. Veja a imagem abaixo.

ARQUIVO PÚBLICO DO DISTRITO FEDERAL, BRASÍLIA

Oscar Niemeyer, à esquerda, e Lucio Costa, em Brasília (DF). Foto tirada entre 1956 e 1960.

ANDRE DIB/PULSAR IMAGENS

Palácio do Planalto, localizado na Praça dos Três Poderes, em Brasília (DF), 2014.

JESSE ALLEN/NASA EARTH OBSERVATORY A PARTIR DE DADOS DO EO-1 ALI, UNITED STATES GEOLOGICAL SURVEY

Imagem de Brasília (DF) obtida por satélite, 2001.

Em 1987, A Unesco reconheceu Brasília como parte integrante do patrimônio mundial. O Iphan reconheceu o conjunto arquitetônico e urbanístico de Brasília como bem material do patrimônio nacional em 1990.

A arquitetura e o urbanismo

A **arquitetura** é a arte ou técnica de projetar ambientes e espaços para abrigar diferentes atividades humanas. Para realizar seus projetos, os **arquitetos** precisam de uma série de conhecimentos técnicos que os ajudam a analisar as necessidades dos espaços e o emprego de materiais e técnicas de construção.

Em um projeto arquitetônico, além de pensar na funcionalidade, os arquitetos devem preocupar-se com a beleza das formas. Para tanto, o conhecimento artístico é muito importante. Oscar Niemeyer, por exemplo, destacou-se pela criatividade que empregou às formas de suas construções.

O planejamento de áreas inteiras, como um bairro, uma região ou uma cidade, é a função do **urbanista**. Esse profissional, assim como o arquiteto, precisa dominar uma série de conhecimentos técnicos e seus projetos devem ser funcionais e belos. O urbanista também deve ter preocupação social. Cabe a esse profissional planejar ações que promovam o crescimento ordenado das áreas urbanas, prevendo a satisfação de necessidades básicas da população, por meio da construção de vias de locomoção, moradias, áreas de lazer e áreas verdes. Essas ações fazem parte do **planejamento urbano**.

Cabe aos urbanistas o desenvolvimento do projeto de **cidades planejadas**, aquelas que são construídas com base em um projeto urbano. São exemplos de cidades planejadas no Brasil: Brasília, no Distrito Federal, Palmas, no Tocantins, Belo Horizonte, em Minas Gerais, Rio Branco, no Acre, e Goiânia, em Goiás.

De olho na imagem

Conheça outras cidades planejadas.

Dialogando com Geografia

MAURICIO SIMONETTI/PULSAR IMAGENS

Fachada do Museu Oscar Niemeyer (MON), em Curitiba (PR), 2013. O prédio foi projetado por Niemeyer em 1967 e sua construção foi concluída em 1978.

CARLOS GOLDGRUB/OPÇÃO BRASIL IMAGENS

Vista aérea da cidade de Goiânia (GO), 2011.

Atividade

- Em sua opinião, qual é a importância do **planejamento urbano**? No dia agendado pelo professor, compartilhe suas ideias com os colegas.

INDICAÇÕES

Para acessar

- **Casa de Lucio Costa.** Disponível em: <www.casadeluciocosta.org>. Acesso em: 3 jul. 2015.

  Nesse *site*, é possível acessar informações sobre a vida de Lucio Costa e sobre o acervo de obras do arquiteto e urbanista.

- **Fundação Oscar Niemeyer.** Disponível em: <www.niemeyer.org.br>. Acesso em: 3 jul. 2015.

  No *site* da Fundação Oscar Niemeyer, é possível acessar dados biográficos e registros da obra do arquiteto. Estão disponíveis, por exemplo, croquis e fotos de suas principais construções.

- **Instituto do Patrimônio Histórico Artístico e Nacional (Iphan).** Disponível em: <www.iphan.gov.br>. Acesso em: 3 jul. 2015.

  Nesse *site*, é possível consultar os patrimônios materiais e imateriais protegidos pelo Iphan, além de obter informações sobre eles, como data de tombamento, dados históricos e relevância para a preservação da cultura e da memória do povo brasileiro.

Para acessar e visitar

- **Museu Oscar Niemeyer (MON)**

  Endereço virtual: <www.museuoscarniemeyer.org.br>. Acesso em: 3 jul. 2015.

  Endereço físico: Rua Marechal Hermes, 999. Centro Cívico. CEP: 80530-230. Curitiba (PR).

  Essa instituição é destinada a exposições de obras de arte visuais, de arquitetura, de urbanismo e de *design*. No *site*, é possível acessar informações sobre o acervo e as exposições da instituição. Na aba "Ação educativa", por exemplo, é possível acessar uma cartilha que apresenta informações sobre o museu em formato de histórias em quadrinhos. Esse material pode ajudar no planejamento de uma visita à instituição.

Para assistir

- ***Mestre Bimba*: a capoeira iluminada. Direção de: Luiz Fernando Goulart. Brasil, 2005, Lumen Produções, 78 min.**

REPRODUÇÃO

  Com base no livro *Mestre Bimba*: corpo de mandinga, o filme aborda a história de Mestre Bimba, homem de origem humilde que se tornou uma das principais referências de capoeira no Brasil.

Para ler

- ***Mestre Bimba*: corpo de mandinga, de Muniz Sodré. Rio de Janeiro: Manati, 2002. (Bahia com H)**

REPRODUÇÃO

  Esse livro traz informações sobre a vida do Mestre Bimba e destaca sua importância para a criação e difusão da capoeira regional.

- ***Pastinha*: o menino que virou mestre de capoeira, de José de Jesus Barreto. Lauro de Freitas (BA): Solisluna Editora, 2011.**

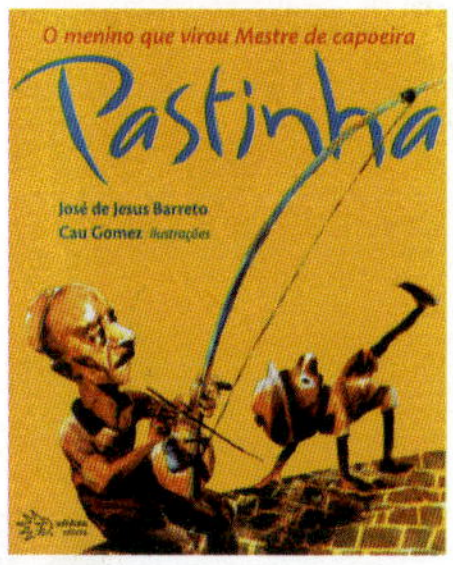

REPRODUÇÃO

  Esse livro conta a história do Mestre Pastinha, desde sua infância em Salvador (BA) até seu reconhecimento ícone da capoeira angola.

- ***Preservando o patrimônio e construindo a identidade*, de Maria Helena Pires Martins. São Paulo: Moderna, 2001. (Coleção Aprendendo a com-viver)**

REPRODUÇÃO

  Esse livro aborda o patrimônio cultural brasileiro e sua relação com a formação da identidade nacional.

UNIDADE 2

ARTE E BELEZA NA REGIÃO DAS MINAS

Durante os anos de colonização portuguesa (1500-1822), muitos valores culturais foram introduzidos no Brasil pelos europeus. Diversos estilos artísticos que vigoravam na Europa chegaram à colônia e influenciaram a arte e arquitetura de várias cidades brasileiras. Essas influências podem ser vistas, por exemplo, no Santuário de Bom Jesus de Matosinhos, retratado na foto desta abertura.

Santuário de Bom Jesus de Matosinhos, em Congonhas (MG). Foto de 2012.

MARCOS ANDRÉ/OPÇÃO BRASIL IMAGENS

Começando a Unidade

1. Que elementos da construção retratada nesta foto mais chamaram sua atenção?
2. Você sabe qual foi a matéria-prima utilizada na confecção das esculturas que adornam a frente da igreja retratada na foto?
3. Na região onde você vive, há prédios com as mesmas características dessa construção?

TEMA

1 O conjunto de Congonhas

As obras de Congonhas, em Minas Gerais, fazem parte do patrimônio cultural brasileiro.

RUBENS CHAVES/ PULSAR IMAGENS

Profeta Isaías (1800-1805), de Antônio Francisco Lisboa (Aleijadinho). Escultura de pedra-sabão, dimensões variadas. Santuário de Bom Jesus dos Matosinhos, Congonhas (MG).

MARCOS ANDRÉ/OPÇÃO BRASIL IMAGENS

Profeta Daniel (1800-1805), de Antônio Francisco Lisboa (Aleijadinho). Escultura de pedra-sabão, dimensões variadas. Santuário de Bom Jesus de Matosinhos, Congonhas (MG).

Um bem do patrimônio mundial

A Igreja de Bom Jesus de Matosinhos, que aparece na imagem reproduzida na abertura desta Unidade, começou a ser construída em 1757 e foi concluída em 1790. A parte aberta à frente da igreja é chamada de **adro**. Nessa área estão instaladas 12 esculturas, produzidas entre 1800 e 1805. Essas esculturas representam doze profetas e foram esculpidas em pedra-sabão, uma espécie de rocha maleável e resistente. Na fachada da igreja, há ornamentos também feitos de pedra-sabão.

Além da igreja e do adro adornado com as esculturas dos profetas, no conjunto de Congonhas há seis capelas com 66 esculturas de madeira, em tamanho natural, que representam cenas da vida de Jesus Cristo.

O conjunto de Congonhas e diversas outras obras que podemos observar em diferentes cidades brasileiras revelam influências do Barroco e do Rococó, estilos artísticos introduzidos no Brasil pelos colonizadores europeus.

GLOSSÁRIO

Profeta: personagem bíblico que, de acordo com os cristãos, os judeus e os muçulmanos, anunciava acontecimentos futuros por inspiração divina.

Atividade prática

- **Forme um grupo com quatro colegas e, inspirados pelo conjunto *Os doze profetas*, produzam esculturas de sabão.**

Materiais

- Sabão em barra
- Papel sulfite
- Lápis
- Colheres
- Facas sem ponta
- Palitos de churrasco

Procedimentos

1. Pesquisem sobre as obras de Aleijadinho e façam desenhos das peças escolhidas em folhas de papel sulfite, nas dimensões correspondentes às da barra de sabão.
2. Transfiram o desenho para a barra de sabão e utilizem os materiais selecionados (colheres, facas sem ponta e palitos de churrasco) para retirar os excessos e dar forma às figuras.

A obra de um mestre

O conjunto de Congonhas representa uma das mais importantes obras de Antônio Francisco Lisboa, o Aleijadinho. Escultor e arquiteto, ele é considerado um dos mais importantes artistas brasileiros do período colonial.

O artista nasceu na antiga cidade de Vila Rica, atual Ouro Preto, em Minas Gerais, e recebeu o apelido de Aleijadinho por volta dos 50 anos de idade. Acredita-se que ele começou a ser chamado dessa forma porque tinha uma doença que deformava seu corpo, obrigando-o a andar de joelhos.

Apesar de ser atribuída a Aleijadinho a autoria do conjunto *Os doze profetas*, dos entalhes de pedra-sabão na fachada da igreja e das 66 esculturas sacras que estão nas capelas do santuário, ele não fez todas essas obras sozinho: o escultor contou com a ajuda de uma equipe.

Aleijadinho também realizou obras em outras cidades mineiras, como Ouro Preto, Mariana, Tiradentes e São João del-Rei. A imagem abaixo, à esquerda, por exemplo, é a reprodução do projeto que o artista fez para a fachada da Igreja de São Francisco de Assis, em São João del-Rei, em 1774.

ROMULO FIALDINI-ACERVO BANCO ITAÚ, SÃO PAULO

Nossa Senhora das Dores (1791-1810), de Antônio Francisco Lisboa (Aleijadinho). Escultura de madeira policromada, 68 cm × 36 cm × 32 cm. Acervo Banco Itaú, São Paulo (SP).

MUSEU DA INCONFIDÊNCIA, OURO PRETO

Croqui do frontispício da Igreja de São Francisco de Assis (1774), de Antônio Francisco Lisboa (Aleijadinho). Aquarela, 66 cm × 34 cm. Museu da Inconfidência, Ouro Preto (MG).

RUBENS CHAVES/PULSAR IMAGENS

Igreja de São Francisco de Assis, em São João del-Rei. Foto de 2014.

FABIO COLOMBINI

Subida para o Calvário ou Cruz-às-costas (1796-1799), de Antônio Francisco Lisboa (Aleijadinho). Esculturas de madeira policromada, dimensões variadas. Santuário de Bom Jesus de Matosinhos, Congonhas (MG).

As esculturas que compõem a obra *Subida para o Calvário ou Cruz-às-costas* fazem parte da série de esculturas de madeira produzidas por Aleijadinho para o conjunto de Congonhas.

Detalhes da obra

1. A expressividade
Todas as peças foram esculpidas em madeira e chamam a atenção pela perfeição do entalhe, do movimento das vestes e pela expressão das figuras.

2. Tiradentes?
Alguns autores defendem a ideia de que Aleijadinho representou Jesus Cristo com uma marca vermelha no pescoço numa alusão a Joaquim José da Silva Xavier (1746-1792), o Tiradentes, participante da Conjuração Mineira que foi enforcado.

3. A composição cênica
A composição lembra uma cena teatral, em que cada escultura representa um personagem. O soldado tocando uma trombeta, por exemplo, parece anunciar um cortejo.

As cores

De acordo com recibos encontrados em Congonhas (MG), parte das peças esculpidas por Aleijadinho na cidade foi pintada por Francisco Xavier Carneiro (1765-1840) e Manuel da Costa Athaide (1762-1830), o Mestre Athaide.

A autenticidade das obras de Aleijadinho

Muitas obras atribuídas a Aleijadinho não apresentam registro de autoria. Por causa disso, em muitos casos, a autoria foi reconhecida com base na análise de um conjunto de elementos comuns à obra do artista, como o bigode dos personagens, que parte das narinas, os cabelos encaracolados, o queixo dividido em duas partes e as veias e músculos salientes no corpo.

Questão

- **Você consegue identificar alguns dos elementos característicos da obra de Aleijadinho nas esculturas mostradas nesta seção? Comente o assunto com os colegas.**

TEMA

2 As influências barrocas

O Barroco foi introduzido no Brasil pelos colonizadores europeus.

O Barroco europeu

A arte barroca desenvolveu-se na Itália, na segunda metade do século XVI, e teve seu auge no século XVII, estendendo-se por toda a Europa.

Algumas das características desse estilo são: a tendência a uma representação fiel da realidade a fim de impressionar o observador; a busca de efeitos que causem impacto visual, por meio do uso de curvas, contracurvas e linhas inclinadas; o emprego de contrastes entre luz e sombra; a exagerada riqueza ornamental e o gosto pela teatralidade.

Beata Ludovica Albertoni (1671-1674), de Gian Lorenzo Bernini. Escultura de mármore, dimensões variadas. Capela Altieri, Igreja de São Francisco a Ripa, Roma, Itália.

GIANNI DAGLI ORTI/THE ART ARCHIVE/PICTURE-DESK/KEYSTONE BRASIL - IGREJA DE SÃO FRANCISCO A RIPA, ROMA

Atividade

- **Que semelhanças podem ser observadas entre a obra *Subida para o Calvário ou Cruz-às-costas*, de Aleijadinho, e a escultura mostrada nesta página? Comente com os colegas.**

A obra de Bernini

RAMESH YADAV/ALAMY/GLOW IMAGES

Gian Lorenzo Bernini (1598-1680) foi um dos artistas mais importantes do Barroco europeu. Ele era escultor e arquiteto. Uma das obras arquitetônicas mais conhecidas de Bernini é a Praça de São Pedro, no Vaticano. Com formato oval, a praça foi projetada por Bernini para representar os braços da Igreja "envolvendo" os fiéis.

Praça de São Pedro, no Vaticano. Foto de 2013. A construção dessa praça teve início em 1656 e foi concluída em 1667.

O Barroco no Brasil

A arte barroca foi introduzida no Brasil pelos portugueses no final do século XVI e aqui adquiriu características próprias, com base na mistura de elementos do Barroco português, francês, italiano e espanhol.

As primeiras manifestações do Barroco no Brasil foram observadas nas missões jesuíticas, no local onde hoje fica o estado do Rio Grande do Sul. Até o século XVIII, o Barroco se espalhou pela colônia e chegou a cidades litorâneas como Rio de Janeiro, Recife, João Pessoa, Salvador e às cidades da região das Minas.

Para saber mais

Barroco no Brasil.

JOEL COSTA/MOSTEIRO DE SÃO BENTO, RIO DE JANEIRO

Senhor dos Martírios (c. 1690), de Frei Ricardo do Pilar. Óleo sobre madeira, 288 cm × 183 cm. Detalhe de pintura no altar da sacristia do Mosteiro de São Bento, Rio de Janeiro (RJ).

Em cidades litorâneas, onde a influência da metrópole portuguesa era maior, a arte barroca manteve características do estilo europeu. Nas cidades mineradoras, como Vila Rica (atual Ouro Preto) ou Diamantina, isoladas pela distância e pela precariedade dos meios de comunicação, foram incorporadas ao Barroco outras características. As feições de pessoas negras e mulatas, por exemplo, são recorrentes nas imagens de santos e pinturas de capelas e igrejas barrocas da região. Esse fato se explica pela forte presença de africanos escravizados nessa região.

O Barroco mineiro

O auge do Barroco no Brasil ocorreu no século XVIII com a descoberta de ouro em regiões que hoje correspondem ao atual estado de Minas Gerais. Por causa da distância do litoral, os artistas mineiros não tinham acesso a muitos dos materiais que eram trazidos da Europa. Passaram, então, a utilizar, por exemplo, madeira e pedra-sabão – facilmente encontradas na região – em substituição aos azulejos e ao mármore.

De olho na imagem

Conheça outras igrejas barrocas.

IGREJA DE SÃO FRANCISCO DE ASSIS, OURO PRETO

Detalhe de um dos painéis de *Cenas da vida de Abrahão* (1799), de Manuel da Costa Athaide (Mestre Athaide). Pintura sobre madeira à maneira de azulejo. Igreja de São Francisco de Assis, Ouro Preto (MG).

JOÃO PRUDENTE/PULSAR IMAGENS

Detalhe da porta principal do Santuário de Bom Jesus de Matosinhos, em que é possível ver os relevos de pedra-sabão projetados por Aleijadinho. Foto de 2010.

A partir de 1760, o Barroco mineiro alcançou sua fase mais original e expressiva. Nesse período, a produção artística da região das Minas foi fortemente influenciada pelo **Rococó**, estilo europeu que se desenvolveu como um desdobramento do Barroco. O Rococó caracteriza-se pela suavidade e pela leveza, diminuindo a dramaticidade da arte barroca. É possível perceber influências do Rococó nas obras de artistas como Aleijadinho e Mestre Athaide.

O conjunto de Congonhas, que conhecemos nas páginas iniciais desta Unidade, e a Igreja de São Francisco de Assis, em Ouro Preto, que conheceremos nas próximas páginas, são exemplos de obras com influência do Rococó. Por essa influência, tal produção artística foi classificada como **Rococó mineiro**.

A Igreja de São Francisco de Assis

A parte externa das igrejas barrocas é simples, em contraste com o interior, decorado com ornamentos e esculturas. A Igreja de São Francisco de Assis, em Ouro Preto, projetada por Aleijadinho, por exemplo, destaca-se por sua fachada simples, com linhas curvas e retas, e por seu interior ricamente decorado.

Na Igreja de São Francisco de Assis, assim como no conjunto de Congonhas, Aleijadinho foi responsável pelo projeto e pela produção de esculturas internas, e Mestre Athaide fez a pintura do forro e de diversos painéis. A construção da igreja teve início em 1765 e se estendeu por muitos anos.

FABIO COLOMBINI

Detalhe do altar principal da Igreja de São Francisco de Assis, em Ouro Preto (MG). Foto de 2006.

DOUGLAS COMETTI/FOLHAPRESS

Fachada da Igreja de São Francisco de Assis, em Ouro Preto (MG). Foto de 2010.

DAVID SANTOS JR/FOTOARENA

Interior da Igreja de São Francisco de Assis, em Ouro Preto (MG). Foto de 2013.

A pintura do forro da Igreja de São Francisco de Assis é considerada a principal obra de Manuel da Costa Athaide. A pintura de cenas bíblicas no forro é uma das características marcantes das igrejas barrocas.

O trabalho de Mestre Athaide

Mestre Athaide é considerado – ao lado de Aleijadinho, de quem foi contemporâneo – um dos principais nomes do Barroco mineiro. O reconhecimento do artista deve-se à qualidade técnica de sua produção. As obras criadas por ele destacam-se, entre outros, pelo uso harmonioso das cores, pela qualidade da pintura em perspectiva e pelo ritmo da composição. Essas características podem ser observadas nas pinturas do forro da Igreja de São Francisco de Assis, retratadas na foto desta seção.

GLOSSÁRIO

Missal: pequeno livro com as principais orações da missa.

Detalhes da obra

1. Perspectiva arquitetônica
O artista aplicou a técnica da perspectiva para criar a ilusão de ampliação da altura da igreja. Esse resultado foi obtido por meio da pintura de colunas que se projetam para o alto, parecendo ser uma extensão das colunas de concreto.

3. A inspiração
Mestre Athaide se inspirava em gravuras e estampas de missais para criar as figuras representadas em suas obras.

2. As cores
Mestre Athaide atribuiu alegria e leveza à composição ao utilizar tons azuis e vermelhos.

4. Feições mestiças
A Virgem Maria e alguns dos anjos representados apresentam feições mestiças. Essa é uma das características do Barroco no Brasil.

TEMA

3 Os sons de Minas

O toque dos sinos é uma herança colonial.

A tradição dos sinos

O **sino** é um instrumento musical em forma de cone invertido, geralmente feito de bronze. O sino produz sons que podem ser agudos ou graves. Esses sons são obtidos pela percussão interna de um badalo ou pelo toque de algum objeto, geralmente um martelo, em sua superfície externa. Assim como qualquer instrumento musical, cada sino apresenta um timbre, que varia de acordo com suas dimensões.

Os sinos foram implantados no Brasil desde os primeiros anos de colonização, quando começaram a ser construídas as primeiras igrejas católicas. Na foto abaixo, por exemplo, vemos o sino que originalmente estava instalado na Igreja de São Miguel Arcanjo, em São Miguel das Missões, no Rio Grande do Sul. Essa igreja foi construída na primeira metade do século XVIII.

A técnica de fundição

A técnica utilizada na produção de um sino de bronze é a **fundição**, processo de obtenção de formas com a inserção de metal líquido aquecido em um molde. Quando o metal é resfriado, solidifica-se e adquire a forma do molde. Para compor o bronze, são misturados e derretidos o estanho e o cobre.

MARCO ANTONIO SÁ

Fundição de sinos de bronze, em São Paulo (SP), 2011.

GERSON GERLOFF/PULSAR IMAGENS

Sino de bronze e, ao fundo, as ruínas da Igreja de São Miguel Arcanjo, em São Miguel das Missões (RS). Foto de 2012.

Os sinos de Minas Gerais

Na região das Minas, com a introdução dos valores católicos e a consequente construção das igrejas barrocas, o som dos sinos passou a fazer parte da vida das pessoas.

No século XVIII, o toque dos sinos convidava os fiéis a entrar nas igrejas e maravilhar-se com a exuberância de seu interior ricamente adornado. Nessa época, contudo, além de chamar as pessoas para as celebrações, os sinos tinham diversas outras funções, como anunciar as horas, comunicar incêndios e noticiar fatos do cotidiano, como as mortes e os nascimentos. Atualmente, em tempos de internet, telefone, rádio e outros meios de comunicação, os sinos perderam várias funções. Em muitas cidades, no entanto, continuam sendo utilizados para anunciar, por exemplo, a morte de alguém conhecido pela população local.

Também é uma herança dos tempos coloniais o ofício do **sineiro**, o responsável pelo toque dos sinos. Os sinos apresentam vários **toques**, que podem ser classificados de acordo com seu **ritmo**. Os toques podem ser **festivos**, ou seja, com ritmo acelerado e utilizado em situações alegres, como o nascimento de uma criança, ou **fúnebres**, em ritmo mais lento, comum para anunciar falecimentos.

Além de ser responsável pelo toque dos sinos – atividade ainda realizada em várias cidades brasileiras –, o sineiro deve formar os aprendizes. No alto das torres, os alunos se reúnem em torno do sineiro para aprender o ofício.

Ouça, na faixa 05 do CD, um toque tradicional do sino da Igreja de Nossa Senhora do Pilar, em São João del-Rei (MG). Esse toque é executado durante a festa de Nossa Senhora da Boa Morte, que ocorre todos os anos, em agosto.

RUBENS CHAVES/PULSAR IMAGENS

Igreja de Nossa Senhora do Pilar, em São João del-Rei (MG). Foto de 2014.

O toque dos sinos de Minas Gerais: um bem do patrimônio cultural

Toque do sino em igreja de São João del-Rei (MG), 2012.

Em 2009, o Iphan reconheceu o toque dos sinos das igrejas de São João del-Rei, Congonhas, Ouro Preto, Mariana, Diamantina, Serro, Sabará, Tiradentes e Catas Altas, em Minas Gerais.

O processo de reconhecimento partiu de um pedido dos moradores de São João del-Rei em 2001. No ano seguinte, o Iphan deu início a uma extensa pesquisa sobre o assunto e constatou que o toque dos sinos influencia a vida dos moradores dessa cidade e das outras oito há centenas de anos, sendo, dessa maneira, uma expressão legítima da identidade local.

Em 2009, o Iphan também reconheceu o ofício do sineiro (tocador de sino) como parte do patrimônio cultural. Para isso, o órgão utilizou como referência o trabalho realizado pelos sineiros das nove cidades anteriormente mencionadas.

Cabe aos sineiros mais experientes a transmissão de seus saberes e habilidades aos jovens para manter vivo esse bem do patrimônio cultural brasileiro. Além de repetir e aprimorar o repertório dos toques de sinos já conhecidos, os sineiros criam outros sons.

Questões

1. **O toque dos sinos e o ofício dos sineiros podem ser classificados como bens materiais ou imateriais?**

2. **Em sua opinião, qual é a importância do reconhecimento do toque dos sinos e do ofício dos sineiros como parte do patrimônio cultural brasileiro?**

A paisagem sonora

Dialogando com Geografia

Ao olhar fotos de construções barrocas em cidades de Minas Gerais e de outros estados brasileiros, temos a sensação de voltar aos séculos XVIII e XIX, quando muitas delas foram feitas. Agora, imagine como seria a **paisagem sonora** (o conjunto de sons que compõem o ambiente) dessas regiões naquela época. Para ajudar nesse exercício, observe uma representação da cidade de Ouro Preto na gravura a seguir. Ela foi publicada em um jornal do século XIX.

FUNDAÇÃO BIBLIOTECA NACIONAL, RIO DE JANEIRO

Gravura publicada em jornal do século XIX retratando a cidade de Ouro Preto (MG).

Ao olhar a gravura e perceber a quantidade de torres de igrejas, podemos imaginar que o toque dos sinos era elemento fundamental da paisagem sonora das cidades coloniais. Não podemos nos esquecer de que, naquela época, os sinos eram os "repórteres" responsáveis por anunciar os acontecimentos e os eventos. Atualmente, embora muitas construções coloniais ainda permaneçam em Ouro Preto, a paisagem sonora não é mais a mesma. Hoje, os toques dos sinos diminuíram e dividem espaço com outros sons, como buzinas, alarmes e músicas.

Atividade prática

- Você vai descrever a paisagem sonora do lugar onde vive. Para isso, feche os olhos e traga à memória os sons e ruídos existentes nesse lugar. Registre suas lembranças nas linhas abaixo e compartilhe-as com os colegas no dia agendado pelo professor.

DE OLHO NA OBRA

Uma das tradições de Minas Gerais é a **Congada**, manifestação cultural afro-brasileira que reúne elementos da dança e da música.

MARCOS AMEND/PULSAR IMAGENS

Apresentação de Congada em frente da Igreja de Santa Efigênia, Ouro Preto (MG), em 2015. A Congada é realizada nas imediações dessa igreja desde o século XVIII.

Detalhes da obra

1. A Congada

Iniciada pelos africanos escravizados, a Congada – também conhecida como Congado – representa um elo com a ancestralidade africana. O ponto alto da Congada é a representação da "coroação" dos reis do Congo. Antes dessa "coroação", ocorre uma procissão que envolve música e dança.

2. Santa Efigênia

Acredita-se que a Igreja de Santa Efigênia – também conhecida como Igreja de Nossa Senhora do Rosário do Alto da Cruz do Padre Faria – tenha sido construída em 1733. Uma das pessoas que trabalhou na construção dessa igreja foi o arquiteto, carpinteiro e mestre de obras Manuel Francisco Lisboa (?-1767), pai de Aleijadinho. Construída por uma irmandade negra, essa igreja contém muitas referências à cultura afro-brasileira e representa um símbolo do sincretismo religioso.

GLOSSÁRIO

Irmandade: associação de cunho religioso.

INDICAÇÕES

Para acessar

- **Mosteiro de São Bento – Rio de Janeiro.** Disponível em: <www.osb.org.br> Acesso em: 3 jul. 2015.

  Nesse *site* é possível acessar imagens internas e externas do Mosteiro de São Bento, no Rio de Janeiro (RJ), instituição onde há diversas obras barrocas. A página também traz informações sobre a história do mosteiro, desde sua fundação em 1590.

- **Museu virtual de Ouro Preto: *tour* virtual das igrejas.** Disponível em: <www.museuvirtualdeouropreto.com.br/tour-virtual.html>. Acesso em: 3 jul. 2015.

  Nessa página, é possível fazer uma visita virtual às principais igrejas barrocas de Ouro Preto: Nossa Senhora da Conceição de Antônio Dias, Nossa Senhora do Rosário, Nossa Senhora do Pilar, Nossa Senhora do Carmo, São Francisco de Assis e Padre Faria.

- **Congonhas: era virtual – Patrimônios da humanidade.** Disponível em: <http://eravirtual.org/congonhas_pt>. Acesso em: 3 jul. 2015.

  Esse *site* possibilita uma visita virtual pelo conjunto de Congonhas (MG) e a visualização interna e externa das construções, bem como a apreciação das obras de arte que fazem parte do conjunto. É possível, por exemplo, conhecer detalhes do conjunto de profetas criados por Aleijadinho.

Para acessar e visitar

- **Museu da Inconfidência**

  Endereço virtual: <www.museudainconfidencia.gov.br>. Acesso em: 3 jul. 2015.

  Endereço físico: Praça Tiradentes, 139, Centro. CEP: 35400-000. Ouro Preto (MG).

  O acervo do Museu da Inconfidência é formado por mais de 4 mil peças que refletem o ambiente sociocultural de Minas Gerais nos séculos XVIII e XIX. No *site*, é possível obter informações sobre o acervo e sobre a área educativa, entre outras.

Para assistir

REPRODUÇÃO

- ***O Aleijadinho*: paixão, glória e suplício. Direção de: Geraldo Santos Pereira. Brasil, 2000, 100 min.**

  O filme mostra episódios da vida do artista Antônio Francisco Lisboa, sua formação como escultor e arquiteto e a doença que o afligiu, devido à qual passou a ser conhecido por "Aleijadinho". Apesar de seu sofrimento, o artista viveu e trabalhou, com o auxílio de seus assistentes, até os 76 anos.

Para ler

REPRODUÇÃO

- ***Antônio Francisco Lisboa*: o Aleijadinho, de Lígia Rego e Angela Braga. São Paulo: Moderna, 1999. (Coleção Mestres das artes no Brasil)**

  Esse livro traz informações biográficas de Aleijadinho e apresenta obras produzidas pelo artista em diferentes cidades brasileiras. O livro traz informações, por exemplo, sobre as obras criadas pelo artista em Congonhas (MG).

REPRODUÇÃO

- ***Arte colonial*: Barroco e Rococó, do século 16 ao 18, de Percival Tirapeli. São Paulo: IBEP. (Coleção IBEP Jovem)**

  Esse livro apresenta informações sobre a arte barroca no Brasil, com destaque especial para a produção no Nordeste e na região das Minas. O autor também destaca a valorização da produção barroca brasileira ao longo do século XX. Essa valorização está relacionada com o trabalho realizado pelos modernistas e com o reconhecimento desses bens por parte da Unesco.

UNIDADE 3

UM OLHAR SOBRE O BRASIL

Em diferentes períodos e utilizando diferentes técnicas, artistas brasileiros e estrangeiros inspiraram-se na natureza ou em questões sociais, políticas e culturais do Brasil para criar obras de arte. A foto reproduzida nesta abertura, por exemplo, registra uma obra realizada por um fotógrafo francês, no Rio de Janeiro (RJ), em 2008.

Ação do projeto *Mulheres são heroínas*, do artista francês JR, no Morro da Providência, Rio de Janeiro (RJ), 2008.

JR/AGENCE VU/LATINSTOCK

Começando a Unidade

1. Descreva a obra retratada na foto desta abertura. O que mais chamou sua atenção?
2. Em sua opinião, qual foi a intenção do artista ao criar essa obra? Quem seriam as pessoas retratadas?
3. Como você acha que o artista realizou essa obra?

TEMA

1 Arte no Morro da Providência

Por meio das intervenções, os artistas podem despertar a atenção do público para questões políticas e sociais.

Uma reflexão sobre a realidade

A fotografia reproduzida na abertura desta Unidade apresenta uma obra do fotógrafo francês JR (1983-) – ele não revela o nome completo – no Morro da Providência, no Rio de Janeiro. JR transformou as fachadas das casas em painéis nos quais aplicou fotografias com rostos de moradoras da comunidade. Além das fachadas, outros espaços, como escadarias, muros e até o teto das casas, tornaram-se suporte para a obra de JR.

A obra de JR no Rio de Janeiro compõe um projeto intitulado *Mulheres são heroínas*, que já passou por países como Índia, Camboja e República do Quênia. Durante a realização desse projeto, o fotógrafo retratou pessoas que viviam em áreas de conflito e aplicou essas imagens em pôsteres. No Brasil, ele retratou mulheres da comunidade que lutavam para manter suas famílias. Ao realizar sua obra no Morro da Providência, JR também produziu um documentário registrando todo o processo.

GLOSSÁRIO

Documentário: gênero cinematográfico em que são tratados temas reais. Em geral, os temas variam entre pessoas, animais, acontecimentos, objetos, emoções, ciências, diferentes culturas etc.

JR/AGENCE VU

Ação do projeto *Mulheres são heroínas*, do artista francês JR, no Morro da Providência, Rio de Janeiro (RJ), 2008.

JR/AGENCE VU

Ação do projeto *Mulheres são heroínas*, do artista francês JR, no Quênia, 2009.

O Morro da Providência

O Morro da Providência começou a ser ocupado no final do século XIX, quando cerca de 10 mil soldados que haviam participado da Guerra de Canudos (1896-1897) deixaram a região onde ocorreu o conflito, no sertão da Bahia, para instalar-se no Rio de Janeiro, que, na época, era a capital do Brasil. Como na região onde ocorreu o conflito havia muitas "favelas" – nome dado a um tipo de árvore espinhenta comum na Região Nordeste –, os soldados que se mudaram para o Rio de Janeiro deram esse nome ao morro onde construíram suas habitações. Por essa razão, o Morro da Providência por muitos anos foi conhecido como Morro da Favela. Com o passar do tempo, a palavra *favela* passou a designar os conjuntos de habitações precárias que existem em todo o Brasil.

A intervenção

O nome dado a obras de arte como a criada por JR no Morro da Providência é **intervenção**. Nas intervenções, os artistas realizam interferências em elementos preexistentes no espaço, em geral, com o objetivo de despertar a atenção do público para uma situação ou refletir sobre ela. O objetivo do artista JR – não apenas no Brasil, mas em todos os lugares em que realizou essa intervenção – foi retratar mulheres que vivem em localidades em que se observam altos índices de violência. No Brasil, o artista decidiu retratar e expor o olhar de mulheres que perderam filhos e parentes em situações violentas.

Para realizar a obra, a técnica utilizada por JR foi o **lambe-lambe**, que consiste na colagem de pôsteres em lugares públicos a fim de divulgar um produto ou uma ideia. O lambe-lambe é composto de mensagens verbais ou não verbais que despertam reflexões nas pessoas que as observam.

No Brasil, entre os pioneiros na realização de intervenções estão Flávio de Carvalho (1899-1973), Hélio Oiticica (1937-1980) e Lygia Clark (1920-1988).

VERA ALBUQUERQUE

Intervenção de Jaime Prades e Miguel Paladino às margens do Rio Tietê, em São Paulo (SP), 1991.

Atividades

1. Descreva a obra reproduzida acima. Por que podemos considerá-la uma intervenção?

2. Em sua opinião, **qual seria a intenção do artista** ao produzir essa obra?

TEMA

2 Um "retrato" do Brasil

Ao longo da história, muitos artistas criaram obras de arte para "retratar" o Brasil.

De olho na imagem

Conheça outras obras de Jean-Baptiste Debret.

O Brasil nas obras de Debret

Assim como o fotógrafo francês JR, ao longo da história, artistas de diferentes nacionalidades representaram aspectos sociais do Brasil em suas obras. Um deles foi Jean-Baptiste Debret (1768-1848), desenhista e pintor francês que chegou ao Brasil em 1816 acompanhando um grupo de artistas.

Debret foi o responsável pela primeira exposição pública de arte realizada na colônia, em 1829. O prestígio de Debret deveu-se, sobretudo, a desenhos, estampas e gravuras que produziu para representar a sociedade brasileira do início do século XIX. Debret retornou para a França em 1831.

Uma senhora de algumas posses em sua casa (1823), de Jean-Baptiste Debret. Aquarela sobre papel, 16,2 cm × 23,0 cm. Museus Castro Maya, Rio de Janeiro (RJ).

MUSEUS CASTRO MAYA, RIO DE JANEIRO

Atividade

- **Que aspectos sociais do Brasil do início do século XIX podem ser observados na obra acima?**

A importância histórica da obra de Debret

Jean-Baptiste Debret procurou representar imagens que não mostrassem o Brasil apenas como um "lugar exótico". Além de pintar paisagens naturais, em várias obras, ele registrou cenas do cotidiano de várias camadas da sociedade do início do século XIX. Para os historiadores, essas obras são consideradas importantes documentos para resgatar aspectos da formação da identidade brasileira.

Entre 1834 e 1839, o artista publicou em Paris, na França, *Viagem pitoresca e histórica ao Brasil*. Essa obra, em três volumes, reúne mais de 150 pranchas, acompanhadas de textos que apresentam um complexo registro social e cultural da sociedade brasileira da época de Debret. O primeiro volume é dedicado à representação dos grupos indígenas e de aspectos naturais; o segundo aborda o cotidiano dos africanos escravizados e dos brancos pobres; o terceiro registra cenas da corte e das elites.

COLEÇÃO PARTICULAR, PARIS, FRANÇA

Autorretrato (c. 1805), de Jean-Baptiste Debret. Óleo sobre tela, 27, 0 cm × 21,5 cm. Coleção particular, Paris, França.

Dialogando com História

MUSEUS CASTRO MAYA, RIO DE JANEIRO

Empregado do governo saindo a passeio (c. 1820-1825), de Jean-Baptiste Debret. Aquarela sobre papel, 19,2 cm × 24,5 cm. Museus Castro Maya, Rio de Janeiro (RJ).

DE OLHO NA OBRA

MUSEUS CASTRO MAYA, RIO DE JANEIRO

Interior de uma casa de ciganos (1823), de Jean-Baptiste Debret. Aquarela sobre papel, 17,7 cm × 23,0 cm. Museus Castro Maya, Rio de Janeiro (RJ).

Como vimos anteriormente, Jean-Baptiste Debret fez um importante registro dos usos e costumes da sociedade brasileira do início do século XIX. Na obra reproduzida nesta seção, por exemplo, o artista representou mulheres que ele classificou como ciganas.

Os povos africanos no Brasil

A presença de povos de origem africana no Brasil colonial está relacionada principalmente com a produção de açúcar. A mão de obra dos africanos escravizados e seus descendentes, entretanto, foi explorada em quase todas as atividades econômicas desenvolvidas no território brasileiro entre os séculos XVI e XIX.

Detalhes da obra

1. Os planos

A obra *Interior de uma casa de ciganos* está dividida em três planos. No primeiro plano, é representado um grupo de ciganas no interior da residência. No plano intermediário, são representados negros escravizados realizando diferentes atividades em um pátio. No plano de fundo, o artista representou o comércio de africanos escravizados.

2. O dia a dia dos africanos escravizados

Debret atuou como um cronista de seu tempo e registrou em suas telas cenas relacionadas ao trabalho forçado realizado por africanos e os castigos corporais comuns na época.

3. O comércio

No fundo da residência, Debret representou grupos de negros amontoados esperando para ser vendidos. O comércio de escravos era uma atividade econômica comumente realizada no Brasil colonial.

Nicolas-Antoine Taunay

Antes de vir para o Brasil, Nicolas-Antoine Taunay era um dos pintores oficiais do general Napoleão Bonaparte (1769-1821), que foi imperador da França no início do século XIX. Ao chegar ao Brasil, Taunay deixou de pintar retratos de imperadores e começou a se dedicar à pintura paisagística. O artista procurou conciliar a luminosidade e as paisagens dos trópicos com as regras da pintura clássica. Como resultado, em suas telas, observa-se uma visão de natureza pastoril e suave, própria da pintura europeia da época.

A Missão Artística Francesa

Vimos nas páginas anteriores que Debret chegou ao Brasil em 1816 acompanhando um grupo de artistas franceses. Denominado **Missão Artística Francesa**, esse grupo de artistas veio para a colônia a convite de Dom João VI (1767-1826).

A vinda de uma Missão Francesa estava no bojo das transformações ocorridas no Brasil, em especial no Rio de Janeiro, com a transferência da família real portuguesa para a colônia. Os membros da Corte desejavam tornar uma parcela da sociedade mais culta e instruída para que pudesse atender a seus interesses na colônia. Para isso, foram tomadas diversas medidas, como a fundação da Real Biblioteca, em 1810, do Real Teatro de São João, em 1813, e da Escola Real das Ciências, Artes e Ofícios, em 1816, que, em 1826, passou a ser denominada Academia Imperial de Belas Artes (Aiba).

Além de Debret, faziam parte da Missão Francesa outros artistas. Um deles era Nicolas-Antoine Taunay (1755-1830). Taunay destacou-se na produção de pinturas do gênero **paisagem**, como a reproduzida a seguir.

Com a chegada de artistas como Debret e Taunay, aconteceram algumas mudanças no cenário artístico brasileiro. Uma delas foi a difusão do estilo **Neoclássico**, caracterizado por padrões rígidos de representação, pelo estudo exaustivo do desenho e pela utilização de traços bem definidos.

De olho na imagem

Conheça outras obras de Nicolas-Antoine Taunay.

Para saber mais

Missão Francesa no Brasil

MUSEU NACIONAL DE BELAS ARTES, RIO DE JANEIRO

Entrada da baía e da cidade do Rio a partir do terraço do convento de Santo Antônio (1816), de Nicolas-Antoine Taunay. Óleo sobre tela, 45 cm × 56,5 cm. Museu Nacional de Belas Artes (MNBA), Rio de Janeiro (RJ).

TEMA

3 A arte acadêmica no Brasil

Com a fundação da Academia Imperial de Belas Artes (Aiba), a arte acadêmica foi inaugurada no Brasil.

De olho na imagem

Conheça outras obras de arte que retratam o Brasil no século XIX.

A arte acadêmica

Também chamado **Academismo**, o termo **arte acadêmica** refere-se à produção artística criada nas academias, isto é, nas escolas de Ensino Superior.

Na Aiba, os artistas vindos com a Missão Francesa passaram a difundir o ensino de arte com base nos estilos consagrados nas academias europeias. Com o tempo, alguns alunos da Aiba tornavam-se professores, ganhavam prêmios e viajavam para o exterior. Ao voltar, esses artistas traziam para o Brasil influências de outros estilos artísticos europeus. Na obra reproduzida a seguir, por exemplo, há traços do **Romantismo**, estilo que tem como principal característica a valorização do sentimentalismo, das tradições históricas e dos modelos nacionais.

O último Tamoio (1883), de Rodolfo Amoedo. Óleo sobre tela, 180,3 cm × 261,3 cm. Museu Nacional de Belas Artes (MNBA), Rio de Janeiro (RJ).

MUSEU NACIONAL DE BELAS ARTES, RIO DE JANEIRO

Atividade

- Descreva a obra reproduzida acima. Quem seriam os personagens representados?

____

____

____

DE OLHO NO TEXTO

O último Tamoio e o último romântico

"[...]

'O último Tamoio' [...] se refere a um fato histórico e tem no cadáver de um homem a sua figura principal. [...] Amoedo inspirou-se no poema épico 'A Confederação dos Tamoios', publicado em 1856 por Gonçalves de Magalhães, introdutor do Romantismo no Brasil. A obra narra um episódio ocorrido três séculos antes, entre 1554 e 1567: a revolta dos índios contra os portugueses que tentavam escravizá-los, movimento que ficou conhecido como a 'Confederação dos Tamoios'. O nome 'tamoio' vem de 'tamuya', que significa 'ancião' na língua dos Tupinambás, nação que liderou o combate aos portugueses, aliando-se aos franceses que ocupavam a Baía de Guanabara desde 1555. Anchieta teve um papel importante como mediador de uma trégua entre Tamoios e portugueses, e durante cinco meses viveu cativo entre os Tupinambás na região que hoje é conhecida como Ubatuba. A guerra terminaria em 1567, com a derrota dos franceses e a morte de Aimberê, chefe dos Tamoios.

MUSEU HISTÓRICO NACIONAL, RIO DE JANEIRO

Autorretrato (século XX), de Rodolfo Amoedo.
Óleo sobre cartão 62,6 cm × 41,5 cm.
Museu Histórico Nacional, Rio de Janeiro (RJ).

Aimberê e Anchieta, pintados por Amoedo, foram personagens ativos dessa história; entretanto, a cena retratada era uma ficção poética. Na criação artística, tudo é escolha: o quadro de Amoedo e o poema de Gonçalves de Magalhães são interpretações dos autores sobre a História do Brasil. Do conflito entre índios e portugueses, poeta e pintor preferiram legar à memória o anseio pela paz, expresso na figura do jesuíta.

[...]

[...] A morte de Aimberê, chefe dos Tamoios, é pintada como um sacrifício cristão, e o padre Anchieta ocupa o lugar de Maria, que acolhe em seus braços o Cristo morto pelos pecados dos homens. Trezentos anos após a guerra sangrenta, a arte fazia a conciliação, prestando homenagem ao índio, transformando-o em herói.

[...]"

CAVALCANTI, Ana Maria Tavares. O último Tamoio e o último romântico. *Revista de História da Biblioteca Nacional*, Rio de Janeiro: Sociedade de Amigos da Biblioteca Nacional, 7 nov. 2007. Disponível em: <www.revistadehistoria.com.br/secao/perspectiva/o-ultimo-tamoio-e-o-ultimo-romantico>. Acesso em: 7 jul. 2015.

GLOSSÁRIO

Épico: que relata, em versos, uma ação heroica.

Questões

1. O que você sabe a respeito das nações indígenas que habitavam o território onde hoje se localiza o Brasil antes da chegada dos europeus? Comente com os colegas.

2. Segundo a autora do texto, por que, "na criação artística, tudo é escolha"?

O Romantismo na literatura e na música

O Romantismo manifestou-se em diferentes áreas. Como vimos no texto da página anterior, o escritor Gonçalves de Magalhães (1811-1882) é considerado o precursor do Romantismo literário no Brasil. Além dele, outros escritores brasileiros, como José de Alencar (1829-1877) e Gonçalves Dias (1823-1864), produziram obras literárias com características românticas, como o forte sentimento nacionalista e religioso.

No Brasil, o Romantismo também se manifestou na música. Um dos maiores representantes da **música romântica** no Brasil foi o compositor Carlos Gomes (1836-1896), considerado um dos mais importantes músicos eruditos do Brasil.

Carlos Gomes nasceu em Campinas, no estado de São Paulo, e desde cedo teve interesse pela música. A primeira influência que recebeu foi de seu pai, o músico Manuel José Gomes (1792-1868), que era o responsável pelas cerimônias cívicas da cidade.

Após estudar no Imperial Conservatório de Música, no Rio de Janeiro, Carlos Gomes dedicou-se à produção de **óperas**, obras dramáticas musicadas. O artista também estudou em Milão, na Itália, onde produziu, em 1870, sua mais famosa ópera: *O Guarani*. A obra foi inspirada no romance de mesmo título escrito por José de Alencar, e, na época de seu lançamento, fez muito sucesso na Europa e no Brasil.

Em 1880, ao retornar ao Brasil, Carlos Gomes foi influenciado pelo movimento que lutava pelo fim da escravidão no país. Assim, alguns anos depois, ele compôs a ópera *O escravo* (1889), de tema abolicionista.

Dialogando com Língua Portuguesa

Para saber mais

Romantismo

MUSEU HISTÓRICO NACIONAL, RIO DE JANEIRO

Página de rosto da partitura da ópera *O Guarani*, em seu lançamento, em 1870, na Itália. Museu Histórico Nacional, Rio de Janeiro (RJ).

Atividade prática

- **Reúna-se com cinco colegas e ouçam, na faixa 06 do CD, um trecho da ópera *O escravo*. Depois, façam um círculo e usem expressões do corpo para acompanhar a música de Carlos Gomes. Vocês devem acompanhar, com os movimentos do corpo, o ritmo e a pulsação da música. Ao final, conversem sobre as sensações que tiveram ao realizar essa atividade.**

Atividade

- **Ouça um trecho da ópera *O Guarani*, na faixa 07 do CD, e responda: você já ouviu essa música antes? Em caso afirmativo, você se lembra do local em que ouviu essa música? Comente com os colegas.**

TEMA

4 A pintura histórica no Brasil

Nas pinturas históricas, os artistas interpretam temas e fatos históricos.

A obra de Victor Meirelles

Um dos gêneros mais característicos da arte acadêmica é a **pintura histórica**. Nas obras desse gênero são representados temas e fatos históricos. No Brasil, no século XIX, a crescente produção de pinturas históricas estava relacionada com o projeto de fortalecimento do Estado e a criação da identidade da nação brasileira. Por essa razão, os temas preferidos pelos pintores brasileiros desse período eram os personagens célebres da nação e seus feitos.

Entre os artistas brasileiros que se dedicaram à produção de obras desse gênero destaca-se Victor Meirelles. Nascido em Nossa Senhora do Desterro (hoje Florianópolis), Victor Meirelles transferiu-se para o Rio de Janeiro em 1847 para estudar na Aiba. Em 1853, mudou-se para a Europa, onde produziu sua principal obra: *Primeira missa no Brasil*, reproduzida a seguir.

MUSEU NACIONAL DE BELAS ARTES, RIO DE JANEIRO

Primeira missa no Brasil (1860), de Victor Meirelles. Óleo sobre tela, 268 cm × 356 cm. Museu Nacional de Belas Artes (MNBA), Rio de Janeiro (RJ).

Atividades

1. As pinturas históricas são retratos fiéis dos acontecimentos?

____

____

2. Que aspecto fundamental da formação cultural do Brasil é representado na obra de Victor Meirelles reproduzida nesta página? Comente com os colegas.

Outro olhar sobre a *Primeira missa no Brasil*

Ao longo dos anos, diferentes artistas realizaram obras inspiradas na *Primeira missa no Brasil,* de Victor Meirelles. Veja a seguir como, na década de 1970, o artista Glauco Rodrigues (1929-2004) recriou essa obra.

Carta de Pero Vaz de Caminha – 26 de abril de 1500 (1971), de Glauco Rodrigues. Acrílica sobre tela, 81 cm × 100 cm. Coleção Gilberto Chateaubriand/Museu de Arte Moderna do Rio de Janeiro (MAM), Rio de Janeiro (RJ).

Diferentemente de Victor Meirelles, que seguiu os padrões rígidos da pintura histórica, Glauco Rodrigues produziu uma representação não linear dos personagens e não se preocupou em recriar o cenário imaginado para a primeira missa no Brasil. Glauco Rodrigues, dessa forma, rompeu com a **estética romântica** da obra de Victor Meirelles, que se caracterizava pela exaltação da nação e pela construção de heróis, mitos e personagens históricos.

Atividade

- **Que personagens foram inseridos por Glauco Rodrigues em sua interpretação da *Primeira missa no Brasil*? Qual seria a intenção do artista ao inseri-los?**

____

____

____

____

DE OLHO NA OBRA

MUSEU PAULISTA DA UNIVERSIDADE DE SÃO PAULO, SÃO PAULO

Independência ou morte (O Grito do Ipiranga) (1888), de Pedro Américo. Óleo sobre tela, 415 cm × 760 cm. Museu Paulista da Universidade de São Paulo, São Paulo (SP).

A obra mostrada nesta seção foi criada por Pedro Américo (1843--1905), artista que, assim como Victor Meirelles, foi um dos expoentes da arte acadêmica no Brasil e se dedicou à produção de pinturas históricas.

Detalhes da obra

1. O tema

O tema abordado por Pedro Américo nessa obra foi a Independência do Brasil, evento histórico ocorrido em 7 de setembro de 1822.

2. O centro da composição

Pedro Américo procurou dar destaque para a figura de Dom Pedro. Para isso, representou o imperador no centro do quadro, rodeado pelos Dragões da Independência. A linha curva da estrada, que direciona o olhar do observador para cima, também contribui para destacar o personagem.

3. O movimento

Na composição de Pedro Américo, os animais da tropa parecem estar em movimento, enquanto o de Dom Pedro parece estar parado. Por meio dessa construção, o artista conseguiu conferir movimento à composição e dar destaque à figura de Dom Pedro.

Pedro Américo

Pedro Américo nasceu em Areia, na Paraíba, e desde criança se dedicou ao desenho. Em meados da década de 1850, mudou-se para o Rio de Janeiro e logo se matriculou na Aiba. Em pouco tempo, suas produções obtiveram destaque e ele foi estudar na Europa. Ao retornar para o Brasil, o artista tornou-se professor de desenho da Aiba.

Atividade prática

- Reúna-se com os colegas de classe para **participar do jogo "Quadro de cena"**. Sigam estas etapas:

1. Observem a obra *Independência ou morte (O grito do Ipiranga)*, de Pedro Américo. Prestem atenção nos personagens que ocupam a cena e imaginem quem eram eles e o que estavam fazendo.
2. Discutam: como vocês imaginam que realmente aconteceu a cena representada por Pedro Américo?
3. Elaborem uma representação para a cena do quadro. Organizem-se e verifiquem quem deverá representar D. Pedro I e os demais personagens.
4. Com a orientação do professor, caminhem pela sala. Ao ouvir o professor dizer "quadro de cena", recriem a cena de Pedro Américo do modo como imaginaram e, rapidamente e sem falas, "congelem-na". Quando o professor disser novamente "quadro de cena", movimentem-se, dando vida à cena, com falas e expressões corporais e faciais. O jogo continuará até que o professor indique o fim.
5. Conversem sobre essa experiência.

DE OLHO NO TEXTO

Os esplendores da imortalidade

"Um pintor de história deve restaurar com a linguagem da arte um acontecimento que não presenciou e que 'todos desejam contemplar revestido dos esplendores da imortalidade'. Assim escreveu Pedro Américo em texto explicativo sobre o quadro conhecido como *O Grito do Ipiranga*, completado em Florença em 1888 por encomenda da comissão de construção do monumento do Ipiranga. A tela tornou-se ícone nacional, representação maior da Independência. O texto descreve o grande cuidado do pintor em reproduzir de maneira exata o acontecimento. Leu, pesquisou, entrevistou testemunhas oculares, visitou o local. No entanto, por razões estéticas, teria sido obrigado a fazer mudanças nas personagens e no cenário a fim de produzir os esplendores da imortalidade.

De início, Dom Pedro não podia montar a besta [...] de que falam as testemunhas. O pedestre animal, apesar de ter arcado com o peso imperial, teve o desgosto de se ver substituído no quadro pela nobreza de um cavalo. Com maior razão, prossegue o pintor, o augusto moço não podia ser representado com traços fisionômicos de quem sofria as incômodas cólicas de uma diarreia, [...] o motivo da parada da comitiva às margens do Ipiranga [...].

[...] O uniforme da guarda de honra também foi alterado. A ocasião merecia traje de gala, em vez de uniforme 'pequeno'. Finalmente, o Ipiranga teve que ser desviado de seu curso para facilitar a composição do quadro. O carreiro com seu carro de bois, segundo o pintor, entrou em cena para dar cor local, retratar a placidez usual daquelas paragens, perturbadas pelo acontecimento. Não aceitou a sugestão de obter o mesmo efeito com uma tropa de asnos, bicho que definitivamente desprezava. [...]

[...] Pedro Américo, atendendo à finalidade da encomenda, buscou construir a imagem de um herói guerreiro, criador de uma nação. [...]"

CARVALHO, José Murilo de. Os esplendores da imortalidade. *Folha Online/Brasil 500 d.C.*, São Paulo, 26 dez. 1999. Disponível em: <www1.folha.uol.com.br/fol/brasil500/dc_6_2.htm>. Acesso em: 7 jul. 2015.

MUSEU PAULISTA DA UNIVERSIDADE DE SÃO PAULO, SÃO PAULO

Detalhe de *Independência ou morte (O Grito do Ipiranga)* (1888), de Pedro Américo. Óleo sobre tela, 415 cm × 760 cm. Museu Paulista da Universidade de São Paulo, São Paulo (SP).

Questões

1. Quais seriam os "esplendores da imortalidade" citados pelo autor do texto?

2. Por que, segundo o texto, embora tenha feito uma minuciosa pesquisa sobre a independência, Pedro Américo fez uma representação pouco real no quadro *O Grito do Ipiranga*?

GLOSSÁRIO

Besta: mula.
Augusto: que merece respeito, venerável.
Placidez: tranquilidade.

INDICAÇÕES

Para acessar

- **Aventuras na História – Favelas cariocas: a cidade e os morros.** Disponível em: <http://guiadoestudante.abril.com.br/aventuras-historia/favelas-cariocas-cidade-morros-435499.shtml>. Acesso em: 6 jul. 2015.

  Nesse endereço, está disponível uma reportagem sobre a história das favelas no Brasil, desde a origem do Morro da Providência no Rio de Janeiro (RJ). Nele, também é possível encontrar informações sobre a consolidação do samba e o surgimento de uma das mais tradicionais escolas de samba, a Estação Primeira de Mangueira, criada pelo músico Cartola (1908-1980) no ano de 1929.

- **Jaime Prades.** Disponível em: <www.jaimeprades.art.br>. Acesso em: 6 jul. 2015.

  Esse *site* dá acesso a informações sobre a produção de Jaime Prades e possibilita a visualização de diversas obras criadas pelo artista. Além de intervenções, Jaime Prades produz pinturas, desenhos, esculturas etc.

- **JR.** Disponível em: <www.jr-art.net/projects>. Acesso em: 6 jul. 2015.

  Nessa página, é possível acessar imagens e vídeos de diversos projetos artísticos desenvolvidos pelo artista francês JR. Ao clicar em "Women are heroes", acessam-se fotos de ações realizadas pelo artista com o projeto *Mulheres são heroínas* em diferentes países, como Libéria, Serra Leoa e Índia, e um vídeo sobre as intervenções do artista no Brasil.

- **Voyage pittoresque et historique au Brésil. Tome deuxième.** Disponível em: <http://objdigital.bn.br/acervo_digital/div_iconografia/icon326377/galery/index.htm>. Acesso em: 6 jul. 2015.

  Nesse *link* da Biblioteca Nacional, acessa-se o segundo volume da obra *Viagem pitoresca e histórica ao Brasil*, de Jean-Baptiste Debret. Nesse volume, o artista registrou as imagens relacionadas ao cotidiano dos africanos escravizados e dos brancos pobres. Os outros volumes da obra também podem ser acessados no *site* da Biblioteca Nacional.

Para acessar e visitar

- **Museu Nacional de Belas Artes (MNBA)**
  Endereço virtual:
  <www.mnba.gov.br/abertura/abertura.htm>.
  Acesso em: 6 jul. 2015.
  Endereço físico: Avenida Rio Branco, 199.
  Cinelândia. CEP: 20040-008.
  Rio de Janeiro (RJ).

  O acervo do MNBA é formado por mais de 70 mil itens. Há pinturas, esculturas e outras obras produzidas por artistas brasileiros e estrangeiros. Entre as obras estão algumas das pinturas que conhecemos nesta Unidade. No *site*, é possível visualizar obras do acervo e obter informações sobre as ações educativas realizadas no museu.

Para ler

- ***Jean-Baptiste Debret*: caderno de viagem**, de Julio Bandeira. Rio de Janeiro: Sextante, 2006.

REPRODUÇÃO

  Esse livro é uma reprodução do caderno de viagem de Debret e traz uma seleção de aquarelas e esboços criados pelo artista, desde sua chegada, no ano de 1816, no Rio de Janeiro. Nele, é possível conhecer diversos trabalhos do artista que retratam a vida e os costumes da época. O caderno original está guardado na seção de iconografia da Biblioteca Nacional de Paris, desde 1911.

- ***O Guarani***, de Carlos Gomes e Antônio Scalvini. São Paulo: Scipione, 2011. (Coleção ópera em quadrinhos)

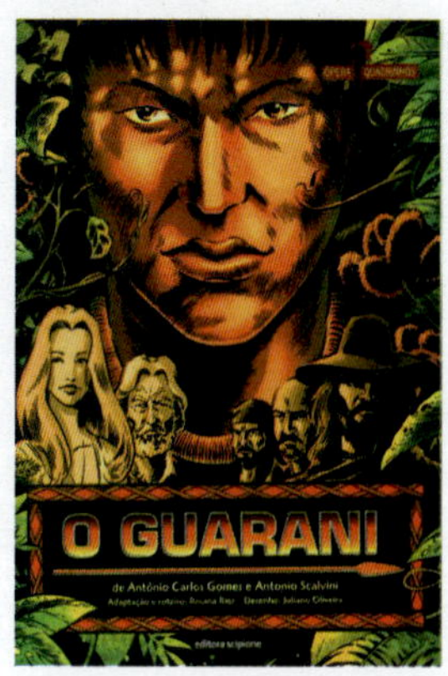

REPRODUÇÃO

  Esse livro traz uma adaptação em formato de história em quadrinhos de *O Guarani*, obra que conta a história de amor entre um indígena da etnia Guarani e a filha de um fidalgo português.

4 A ARTE DE RETRATAR O COTIDIANO

Os seres humanos utilizam diferentes linguagens artísticas para representar aspectos relacionados ao cotidiano. Ao criar essas obras, homens e mulheres revelam seu olhar – muitas vezes crítico – em relação à sociedade em que vivem. A foto desta abertura, por exemplo, retrata uma montagem de *O juiz de paz da roça*, peça de teatro escrita na primeira metade do século XIX que aborda os costumes de alguns grupos da sociedade brasileira daquela época.

Cena do espetáculo *O juiz de paz da roça* em montagem realizada pelo Grupo de Teatro Amador Trapos e Farrapos, em Jaraguá do Sul (SC), 2011.

Começando a Unidade

1. Com base no título, levante hipóteses sobre o enredo da peça *O juiz de paz da roça*.
2. Você acha que essa peça é uma comédia ou um drama? Justifique.

CLEITON MARLON MAY/FUNDAÇÃO INDAIALENSE DE CULTURA PREFEITO VICTOR PETTERS

TEMA

1 A comédia de costumes

O cotidiano pode ser tema de peças teatrais.

Dialogando com Língua Portuguesa

A obra de Martins Pena

Escrita por Luís Carlos Martins Pena (1815-1848), a peça *O juiz de paz da roça* foi representada pela primeira vez em 1838. Martins Pena era formado em Comércio e seguiu carreira diplomática, mas ficou conhecido por ter colaborado para a consolidação do teatro no Brasil. Ele escreveu cerca de 30 peças de teatro. Martins Pena inaugurou no Brasil o gênero teatral **comédia de costumes**, que se caracteriza pela abordagem irônica e bem-humorada dos usos e costumes de grupos sociais. Em suas peças, ele representou a sociedade brasileira da primeira metade do século XIX, destacando os tipos e os hábitos comuns naquela época. Em *O juiz de paz da roça*, por exemplo, o autor trouxe à cena um olhar bem-humorado sobre as atividades de um juiz e a simplicidade de pessoas que viviam na roça, ou seja, na zona rural.

COLEÇÃO PARTICULAR

Martins Pena em fotografia da década de 1840.

O texto teatral

Textos como *O juiz de paz da roça*, escritos para ser representados no palco, são chamados **textos teatrais**. Produzidos por escritores, também chamados **dramaturgos**, esses textos podem ser publicados em livros.

Os textos teatrais raramente têm um narrador. Neles, a história é contada pelas falas dos próprios personagens. Como conhecemos a história pela voz e pelas ações dos personagens, é possível saber o que eles pensam e, assim, conhecer sua personalidade.

A linguagem usada na peça varia de acordo com a situação, a época e o local, ou mesmo o grupo social abordado na história.

As orientações para os atores são chamadas **rubricas** e costumam ter algum tipo de destaque em relação ao restante do texto, como o itálico ou o uso dos parênteses.

REPRODUÇÃO

Capa de publicação das peças *O juiz de paz da roça* e *O noviço*, de Martins Pena.

O juiz de paz da roça

Leia a seguir um trecho da peça *O juiz de paz da roça*.

"[...]

CENA II

Entra José com calça e jaqueta branca.

JOSÉ: Adeus, minha Aninha! (*Quer abraçá-la.*)

ANINHA: Fique quieto! Não gosto destes brinquedos. Eu quero casar-me com o senhor, mas não quero que me abrace antes de nos casarmos. Esta gente quando vai à Corte, vem perdida. Ora diga-me, concluiu a venda do bananal que seu pai lhe deixou?

JOSÉ: Concluí.

ANINHA: Se o senhor agora tem dinheiro, por que não me pede a meu pai?

JOSÉ: Dinheiro? Nem vintém!

ANINHA: Nem vintém! Então o que fez do dinheiro? É assim que me ama? (*Chora.*)

JOSÉ: Minha Aninha, não chores. Oh, se tu soubesses como é bonita a Corte! Tenho um projeto que te quero dizer.

ANINHA: Qual é?

JOSÉ: Você sabe que eu agora estou pobre como Jó, e então tenho pensado em uma coisa. Nós nos casaremos na freguesia, sem que teu pai o saiba; depois partiremos para a Corte e lá viveremos.

ANINHA: Mas como? Sem dinheiro?

JOSÉ: Não te dê isso cuidado: assentarei praça nos Permanentes.

ANINHA: E minha mãe?

JOSÉ: Que fique raspando mandioca, que é ofício leve. Vamos para a Corte, que você verá o que é bom.

ANINHA: Mas então o que é que há lá tão bonito?

JOSÉ: Eu te digo. Há três teatros, e um deles maior que o engenho do capitão-mor.

ANINHA: Oh, como é grande!

JOSÉ: Representa-se todas as noites. Pois uma mágica... Oh, isto é coisa grande!

ANINHA: O que é mágica?

JOSÉ: Mágica é uma peça de muito maquinismo.

ANINHA: Maquinismo?

JOSÉ: Sim, maquinismo. Eu te explico. Uma árvore se vira em uma barraca; paus viram-se em cobras, e um homem vira-se em macaco.

ANINHA: Em macaco! Coitado do homem!

JOSÉ: Mas não é de verdade.

ANINHA: Ah, como deve ser bonito! E tem rabo?

JOSÉ: Tem rabo, tem.

ANINHA: Oh, homem!

JOSÉ: Pois o curro dos cavalinhos! Isto é que é coisa grande! Há uns cavalos tão bem ensinados, que dançam, fazem mesuras, saltam, falam, etc. Porém o que mais me espantou foi ver um homem andar em pé em cima do cavalo.

ANINHA: Em pé? E não cai?

JOSÉ: Não. Outros fingem-se bêbados, jogam os socos, fazem exercício – e tudo isto sem caírem. E há um macaco chamado o macaco Major, que é coisa de espantar.

ANINHA: Há muitos macacos lá?

JOSÉ: Há, e macacas também.

ANINHA: Que vontade tenho eu de ver todas estas coisas!

JOSÉ: Além disto há outros muitos divertimentos. Na Rua do Ouvidor há um cosmorama, na Rua de São Francisco de Paula outro, e no Largo uma casa aonde se veem muitos bichos cheios, muitas conchas, cabritos com duas cabeças, porcos com cinco pernas, etc.

ANINHA: Quando é que você pretende casar-se comigo?

GLOSSÁRIO

Freguesia: área de uma paróquia.
Dar-se cuidado: preocupar-se.
Assentar praça: alistar-se.
Permanentes: efetivo da Guarda Nacional na época do Brasil Imperial.
Curro: curral.
Mesura: reverência, cumprimento.
Cosmorama: local onde se observam quadros de paisagens com lentes de aumento.

JOSÉ: O vigário está pronto para qualquer hora.

ANINHA: Então, amanhã de manhã.

JOSÉ: Pois sim. *(Cantam dentro.)*

ANINHA: Aí vem meu pai! Vai-te embora antes que ele te veja.

JOSÉ: Adeus, até amanhã de manhã.

ANINHA: Olhe lá, não falte! *(Sai José.)*

[...]"

PENA, Martins. *O juiz de paz da roça*. Disponível em: <www.dominiopublico.gov.br/download/texto/bn000103.pdf>. Acesso em: 7 jul. 2015.

CLEITON MARLON MAY/FUNDAÇÃO INDAIALENSE DE CULTURA PREFEITO VICTOR PETTERS

Cena do espetáculo *O juiz de paz da roça*, em montagem realizada pelo Grupo de Teatro Amador Trapos e Farrapos, em Jaraguá do Sul (SC), 2011.

De olho na imagem

Conheça outras imagens da montagem de *O juiz de paz da roça* realizada pelo Grupo de Teatro Amador Trapos e Farrapos.

Atividades

1. Que personagens fazem parte da cena citada e qual é a relação entre eles?

____

____

2. Qual é o projeto de José? O que ele faz para convencer Aninha a casar-se com ele?

____

____

Atividade prática

- Reúna-se com um colega e **imaginem uma continuação para o trecho da cena** de *O juiz de paz da roça* reproduzido acima. Lembrem-se de que a cena deverá ser curta e cômica. Com o texto pronto, pensem nos figurinos e ensaiem para a apresentação, que deverá acontecer no dia agendado pelo professor.

As comédias de costumes musicadas

Outro escritor brasileiro que representou a sociedade de sua época por meio de textos teatrais foi Artur Azevedo (1855-1908). Ao acrescentar canções a suas peças, ele criou as **comédias de costumes musicadas**. Nessas peças, Artur Azevedo representou com ironia e bom humor o cotidiano dos moradores do Rio de Janeiro na virada do século XIX para o século XX.

A inspiração para as criações de Azevedo foi o teatro francês da época. Ele parodiava dramas que faziam sucesso na França, adaptando os cenários e os personagens para a realidade brasileira.

COLEÇÃO HECILDA E SÉRGIO FADEL, RIO DE JANEIRO

Retrato do escritor Artur Azevedo (1891), de Modesto Brocos. Óleo sobre tela, 46 cm × 58 cm. Coleção Hecilda e Sérgio Fadel, Rio de Janeiro (RJ).

Entre as peças de maior sucesso de Artur Azevedo estão *A capital federal* (1897) e *O mambembe* (1904). Em *A capital federal*, o dramaturgo conta a história de uma família que deixa o interior de Minas Gerais para viver no Rio de Janeiro, na época, a capital federal. Os conflitos de valores e costumes entre o casal e os moradores da capital são o tema principal dessa peça. Em *O mambembe*, por sua vez, o dramaturgo aborda o dia a dia e as dificuldades de um grupo itinerante de teatro. Esse espetáculo musical foi montado pela primeira vez em 1959, no Rio de Janeiro, pelo grupo Teatro dos Sete.

AGÊNCIA O GLOBO

Cena do espetáculo *O mambembe*, em montagem realizada pelo Teatro dos Sete, em 1959, no Rio de Janeiro (RJ).

O cenário

O diretor e cenógrafo italiano Gianni Ratto (1916-2005) foi o responsável pela direção e pela criação dos cenários da montagem da peça *O mambembe*, realizada pelo Teatro dos Sete, em 1959. Para esse espetáculo, Ratto recriou, no final da década de 1950, os diversos ambientes descritos por Artur Azevedo em seu texto. Veja abaixo a reprodução do desenho de um dos cenários criados por Gianni Ratto para essa peça.

AGLIBERTO LIMA/ESTADÃO CONTEÚDO

Gianni Ratto, em São Paulo (SP), 2004.

GIANNI RATTO – CEDOC-FUNARTE, RIO DE JANEIRO

Desenho para o cenário da peça *O mambembe*, de Gianni Ratto. Aquarela sobre papel, 29,0 cm × 7,5 cm. Cedoc-Funarte. Rio de Janeiro (RJ).

O **cenário** é um dos elementos fundamentais em apresentações teatrais, pois, por meio de diferentes elementos visuais, como móveis, objetos, adereços e efeitos de luz, é possível compor o espaço no qual se passa determinada cena de um espetáculo.

Atividades

1. **Observe a foto da montagem do espetáculo *O mambembe*, reproduzida na página anterior, compare-a com o desenho desta página e responda: qual é a importância dos desenhos e estudos realizados pelos cenógrafos antes da execução dos cenários?**

____

____

____

2. **Além do cenário, que outros elementos visuais auxiliam a montagem de uma peça teatral?**

____

____

____

TEMA

2 Um "retrato" do cotidiano

Belmiro de Almeida e Almeida Júnior representaram em suas obras cenas do cotidiano.

Belmiro de Almeida e a pintura de gênero

Assim como os autores de peças teatrais, entre fins do século XIX e início do século XX, alguns pintores brasileiros representaram cenas rotineiras dos espaços domésticos e do mundo do trabalho em suas obras. A esse tipo de produção artística dá-se o nome de **pintura de gênero**.

No Brasil, um dos pintores que se dedicaram à produção de pinturas de gênero foi Belmiro de Almeida (1858-1935), que estudou na Academia Imperial de Belas Artes (Aiba) e, por muitos anos, dedicou-se à produção de pinturas históricas. Além de pintor, Belmiro de Almeida foi caricaturista e atuou em diversas revistas no Rio de Janeiro entre o final do século XIX e o início do século XX.

Em 1887, ao expor *Arrufos* – sua tela mais conhecida –, Belmiro de Almeida despertou a atenção dos críticos ao abandonar temas históricos para dedicar-se à representação do cotidiano. De acordo com especialistas, nessa tela, ele representou o crítico de arte Gonzaga Duque (1862-1911).

MUSEU NACIONAL DE BELAS ARTES (MNBA), RIO DE JANEIRO

Arrufos (1887), de Belmiro de Almeida. Óleo sobre tela, 89 cm × 116 cm. Museu Nacional de Belas Artes (MNBA), Rio de Janeiro (RJ).

Atividades

1. Faça uma pesquisa sobre o significado da palavra *arrufo* e levante hipóteses sobre qual seria a relação do título com o conteúdo da obra reproduzida nesta página. Registre suas impressões no caderno e apresente-as aos colegas no dia agendado pelo professor.
2. Junte-se a um colega e discutam a seguinte questão: que aspectos da sociedade do fim do século XIX podem ser observados em *Arrufos*? Comentem sobre as conclusões com os colegas.

As influências de Belmiro de Almeida

Em fins do século XIX, Belmiro de Almeida passou uma temporada em Paris, na França, onde foi influenciado pelo **Impressionismo** e pelo **Neoimpressionismo**, movimentos artísticos que se desenvolveram no país na segunda metade do século XIX. Entre os artistas europeus que influenciaram a produção artística de Belmiro de Almeida estão Édouard Manet (1832-1883) e Camille Pissarro (1830-1903).

Veja, nesta página, a reprodução de obras de Manet e Pissarro e compare-as com a obra *Efeitos de Sol*, de Belmiro de Almeida (abaixo). Algumas características, como a utilização de cores mais claras, a exploração dos efeitos de luminosidade e a aplicação de pinceladas rápidas e curtas, desenvolvidas e amplamente utilizadas pelos franceses, estão presentes na obra de Belmiro de Almeida.

MUSEU METROPOLITANO DE ARTE, NOVA YORK, ESTADOS UNIDOS

Madame Manet (Suzanne Leenhoff, 1830-1906) em Bellevue (1880), de Édouard Manet. Óleo sobre tela, 80,6 cm × 60,3 cm. Museu Metropolitano de Arte, Nova York, Estados Unidos.

LAURENT LECAT/MONDADORI PORTFOLIO/AGB PHOTO LIBRARY - MUSEU D'ORSAY, PARIS

Jovem camponesa fazendo fogo (1888), de Camille Pissarro. Óleo sobre tela, 93,0 cm × 92,5 cm. Museu d'Orsay, Paris, França.

MUSEU NACIONAL DE BELAS ARTES (MNBA), RIO DE JANEIRO

Efeitos de Sol (1892), de Belmiro de Almeida. Óleo sobre tela, 100 cm × 65 cm. Museu Nacional de Belas Artes (MNBA), Rio de Janeiro (RJ).

De olho na imagem

Conheça outras obras impressionistas e neoimpressionistas.

A obra de Almeida Júnior

Outro artista brasileiro que se dedicou à pintura de gênero foi José Ferraz de Almeida Júnior (1850-1899). Nascido em Itu, no interior de São Paulo, Almeida Júnior ingressou na Aiba em 1869, onde foi aluno do pintor Victor Meirelles, que, como vimos na Unidade anterior, foi um dos mais importantes representantes da pintura histórica no Brasil.

Ao concluir os estudos na Aiba, Almeida Júnior retornou para Itu e abriu um ateliê. Em 1876, embarcou para Paris, após ganhar uma bolsa de estudos do imperador Dom Pedro II (1825-1891), que, em visita à cidade de Itu, ficou impressionado com o talento do artista.

No tempo em que viveu em Paris, Almeida Júnior recebeu forte influência do **Realismo**, movimento que propunha um afastamento do estilo Neoclássico e da representação de temas históricos, mitológicos e religiosos.

Ao retornar ao Brasil, Almeida Júnior passou a se dedicar à produção de obras em que representava, de maneira realista, o cotidiano e os costumes locais, como a tela reproduzida a seguir.

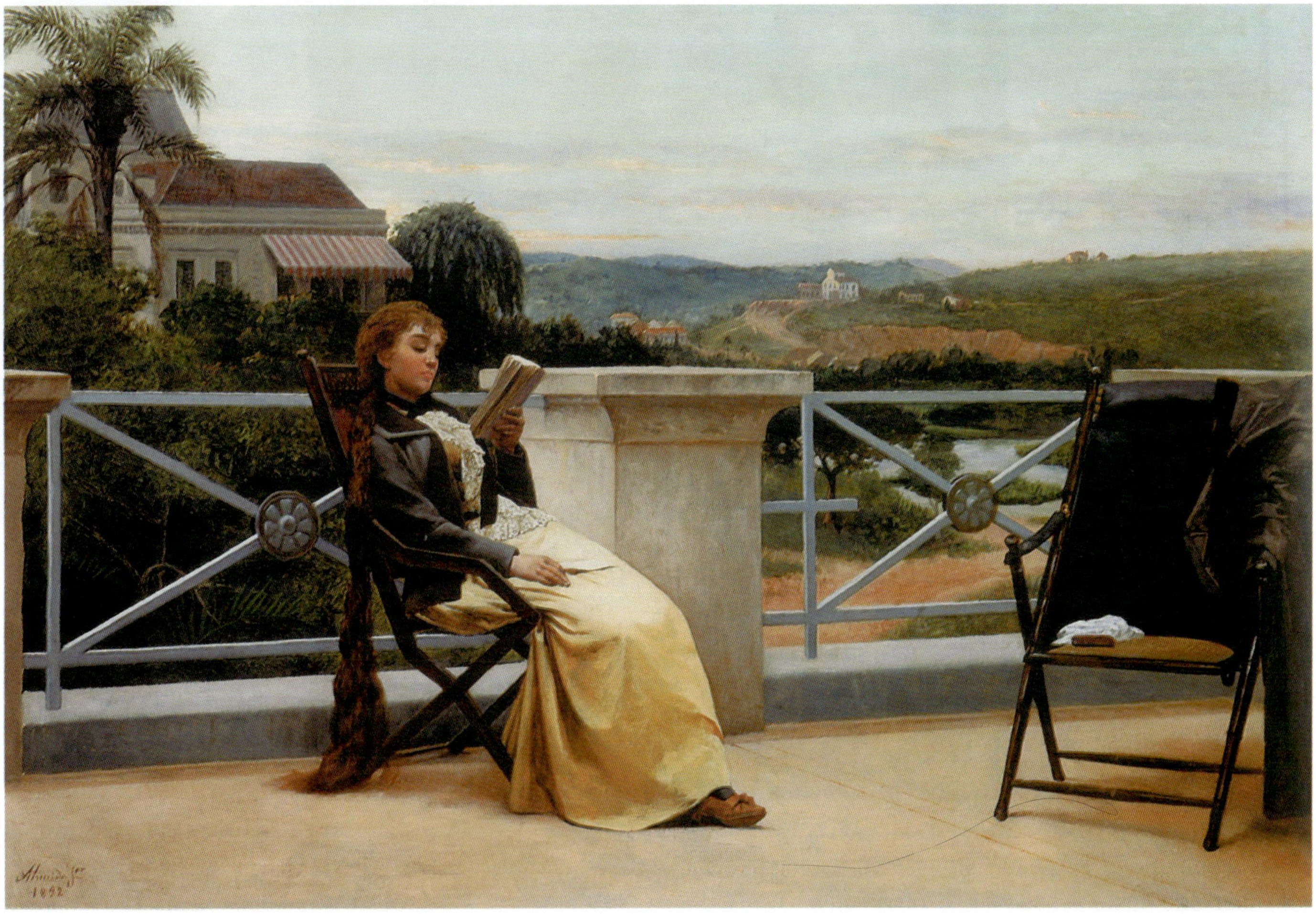

Leitura (1892), de Almeida Júnior. Óleo sobre tela, 95 cm × 141 cm. Pinacoteca do Estado de São Paulo, São Paulo (SP).

DE OLHO NA OBRA

PINACOTECA DO ESTADO DE SÃO PAULO

Cena de família de Adolfo Pinto (1891), de Almeida Júnior. Óleo sobre tela, 106 cm × 137 cm. Pinacoteca do Estado de São Paulo, São Paulo (SP).

No Brasil, por muitos anos, as relações familiares foram marcadas pelo respeito à autoridade do pai, o "chefe da família". Almeida Júnior representou essa característica social na tela mostrada nesta seção.

Detalhes da obra

1. A figura em destaque
Almeida Júnior representou o pai em destaque, no primeiro plano. Isso revela a estrutura das famílias da época, que se organizavam em torno da figura do pai. Nesse modelo familiar, o homem era o único responsável pelo sustento da família e impunha normas à esposa e aos filhos.

2. A mulher e os filhos
No segundo plano, Almeida Júnior representou a mulher e as crianças. Observe que a mulher é representada bordando. Em sua obra, Almeida Júnior nos revela que, na época, à mulher era destinado o papel de "dona de casa", responsável pelas tarefas domésticas, pela educação dos filhos e pelos cuidados com o marido.

A estrutura familiar

Quando pensamos em família, logo nos vem à cabeça a imagem de pai, mãe e filhos. Esse modelo, denominado **nuclear** ou **conjugal**, forma-se pela união de dois adultos e por seus filhos, naturais ou adotivos.

Embora o modelo nuclear tradicional ainda predomine, algumas mudanças sociais ocorridas ao longo dos anos têm dado nova "cara" à família brasileira. Hoje, por exemplo, é grande o número de famílias formadas somente por um dos pais e seus filhos. Essas são as chamadas **famílias monoparentais**, modelo comum principalmente entre pais divorciados ou viúvos. Existem ainda as famílias **recompostas**, nas quais homens e mulheres divorciados, viúvos ou separados se casam ou refazem a vida, muitas vezes reunindo na mesma casa os filhos que tiveram em casamentos anteriores.

Em maio de 2011, o Supremo Tribunal Federal (STF) reconheceu por unanimidade a união civil entre pessoas do mesmo sexo. Nessa união, chamada de **homoafetiva**, os casais terão direito à pensão alimentícia, ao acesso à herança em caso de morte do companheiro, à adoção e ao registro dos filhos em seus nomes, à inclusão em planos de saúde, entre outros.

Além disso, a união homoafetiva passa a ser tratada como um novo tipo de família, reconhecida pela Constituição brasileira.

Questão

- **Que semelhanças e diferenças podem ser observadas entre as obras *Cena de família de Adolfo Pinto* e *Arrufos*, reproduzida na página 71?**

Dialogando com História

Atividade prática

- **Faça uma releitura da obra *Cena de família de Adolfo Pinto* representando uma família do século XXI. Como suporte para a produção, utilize um pedaço de cartolina e, como técnica, use a colagem. Recorte imagens e cole-as sobre a cartolina para compor a obra. No dia agendado pelo professor, apresente sua produção aos colegas.**

A temática regionalista nas obras de Almeida Júnior

Como vimos anteriormente, nos anos em que viveu e estudou em Paris, Almeida Júnior teve contato com o Realismo. Influenciado por esse movimento, o pintor se interessou pela temática regionalista e passou a criar obras em que representava de maneira realista o ambiente e os costumes de homens e mulheres simples que viviam no interior, ou seja, longe dos centros urbanos. Por causa dessas obras de temática regionalista, em que representava o modo de vida do caipira, Almeida Júnior passou a ser considerado o mais original dos pintores acadêmicos do Brasil e o que mais contribuiu para a composição de um retrato legítimo do povo brasileiro. Veja abaixo duas obras de temática regionalista criadas por Almeida Júnior.

GLOSSÁRIO

Caipira: aquele que vive no campo, na roça.

PINACOTECA DO ESTADO DE SÃO PAULO

Nhá Chica (1895), de Almeida Júnior. Óleo sobre tela, 109 cm × 72 cm. Pinacoteca do Estado de São Paulo, São Paulo (SP).

PINACOTECA DO ESTADO DE SÃO PAULO

Amolação interrompida (1894), de Almeida Júnior. Óleo sobre tela, 200 cm × 140 cm. Pinacoteca do Estado de São Paulo, São Paulo (SP).

A recuperação de obras de arte

Parte das obras de Almeida Júnior encontra-se na Pinacoteca do Estado de São Paulo. Além de cuidar da conservação das obras de seu acervo, instituições como a Pinacoteca frequentemente investem na **restauração**, ou seja, na recuperação dessas obras, com a finalidade de devolver-lhes o aspecto original. A obra *Nhá Chica*, por exemplo, foi restaurada em 2006.

O amolador

Em 1999, para relembrar o centenário da morte de Almeida Júnior, a Pinacoteca do Estado de São Paulo convidou diversos artistas para realizar releituras de suas obras. Um desses artistas foi João Câmara (1944-), autor da obra reproduzida ao lado.

Nessa releitura, João Câmara apresentou sua interpretação da obra *Amolação interrompida*, de Almeida Júnior (que vimos na página anterior), recriando os elementos existentes e inserindo outros. No plano de fundo, João Câmara representou o cenário inspirado na obra de Almeida Júnior. No primeiro plano, há uma base de madeira em que ele pintou uma mulher que parece estar na iminência de ser cortada pelo machado. A figura da mulher inserida por João Câmara é uma referência à obra *A grande odalisca*, do pintor francês Jean-Auguste Dominique Ingres (1780-1867), um representante do estilo Neoclássico.

PINACOTECA DO ESTADO DE SÃO PAULO

O amolador (releitura da obra *Amolação interrompida*) (1999), de João Câmara. Técnica mista, 280,5 cm × 98,2 cm × 53,5 cm. Pinacoteca do Estado de São Paulo, São Paulo (SP).

THIERRY LE MAGE/RMN-GRAND PALAIS/OTHER IMAGES - MUSEU DO LOUVRE, PARIS, FRANÇA

A grande odalisca (1814), de Jean-Auguste Dominique Ingres. Óleo sobre tela, 91 cm × 162 cm. Museu do Louvre, Paris, França.

Atividade

- **Reúna-se com quatro colegas e discutam: por que João Câmara teria inserido uma referência neoclássica em sua releitura da obra de Almeida Júnior? Apresentem as conclusões aos colegas.**

TEMA

3 Os sons do interior

A música sertaneja é um dos estilos musicais mais populares do Brasil.

Ao som da viola

Observe a obra *O violeiro*, de Almeida Júnior, reproduzida nesta página. Nessa composição de temática regionalista, é representado um homem sentado em uma janela, tocando viola, acompanhado de uma mulher, que parece cantar. Essa cena é comum em muitas localidades do Brasil, especialmente nas mais distantes dos centros urbanos.

SANDRO PEROSA

A viola caipira originou-se da **viola**, instrumento criado na Europa e introduzido no Brasil pelos colonizadores.

PINACOTECA DO ESTADO DE SÃO PAULO

O violeiro (1899), de Almeida Júnior. Óleo sobre tela, 141 cm × 172 cm. Pinacoteca do Estado de São Paulo, São Paulo (SP).

No interior e ao som da viola, como na cena representada por Almeida Júnior, desenvolveu-se a chamada **moda de viola**, canção rural de ritmo recitativo em que se conta uma história, geralmente relacionada a aspectos do dia a dia do interior, como os feitos dos boiadeiros, os causos e as histórias de amor.

As modas de viola, em geral, são cantadas em duas vozes acompanhadas pelos solos de **viola caipira**. A viola caipira é um instrumento musical de cordas um pouco menor que o violão, com cinco ou seis pares de cordas de metal. Os pares de cordas são afinados na mesma nota e tocados juntos, como se formassem uma só corda. Ouça, na faixa 08 do CD, um solo de viola caipira.

"Casa caipira"

A moda de viola teve origem no interior das Regiões Centro-Oeste e Sudeste, e, há algumas décadas, passou a ser conhecida e admirada em todo o Brasil. Uns dos responsáveis pela popularização da moda de viola foram os irmãos João Salvador Perez (1917-1994) e José Salvador Perez (1920-2012), que formavam a dupla Tonico & Tinoco.

Leia a seguir a letra de "Casa caipira", moda de viola gravada pela dupla.

Casa caipira

"Pouco distante da aguada lá no chapadão que vira
Uma casinha barreada de uma família caipira
A cerca de pau a pique logo ao chegar se depara
Dando um quadro todo chique uma porteira de vara.

Um paiol, um galinheiro, um pequenino pomar
Bem no canto do terreiro uma pedra de afiar
Do telhado sobre a beira o sinal da enxurrada
Formado pela goteira no tempo da chuvarada.

No cocho perto da porta come milho o burro baio
Caboclo corta taquara fazendo cesta e balaio
Esse caboclo que é gente, que baixinho cantarola
Recostado no batente ponteia a sua viola."

PIRES, Cornélio; TINOCO. Casa caipira.
Disponível em: <www.tonicoetinoco.com.br>. Acesso em: 7 jul. 2015.

CARLOS NAMBA/ABRIL COMUNICAÇÕES S/A

Tonico & Tinoco, em 1970.

GLOSSÁRIO

Aguada: lugar onde existe água potável.
Barreada: de paredes cobertas de barro.
Cocho: local onde os animais se alimentam.
Baio: de cor castanha.

BIA DOMINGUES

Apresentação de violeiros no distrito de Milho Verde, em Serro (MG), 2012.

Atividade prática

- **Ouça, na faixa 09 do CD, uma gravação da canção "Casa caipira". Depois, responda em seu caderno às questões a seguir.**
  - O que você achou dessa canção? Que sentimentos e lembranças ela despertou em você?
  - A canção é cantada a quantas vozes? Que diferenças você percebe nessas vozes?

EDI SOUSA

Apresentação da Orquestra Paulistana de Viola Caipira em São Paulo (SP), 2013.

A Orquestra Paulistana de Viola Caipira foi fundada em 1997. Embora a orquestra contenha outros instrumentos musicais, a viola caipira é o elemento central das apresentações. Todas as músicas do repertório do grupo, mesmo as eruditas, são executadas com esse instrumento.

Os objetivos principais dos integrantes da orquestra são a pesquisa, a valorização e a difusão da cultura caipira. O grupo realiza, por exemplo, a gravação de letras e de arranjos de modas de viola tradicionais como forma de preservá-los.

Vivaldi e a Orquestra Paulistana de Viola Caipira

Uma das marcas da Orquestra Paulistana de Viola Caipira é a diversidade do repertório. Além de modas de viola, fazem parte do repertório do grupo, por exemplo, canções da Música Popular Brasileira (MPB) e composições de músicos eruditos. Ouça, na faixa 10 do CD, a interpretação feita pelo grupo de um trecho do 1º concerto: "Primavera" da peça musical *As quatro estações* (c. 1725), composta por Antonio Vivaldi (1678-1741).

A música sertaneja

LUIZINHO CORUJA/ABRIL COMUNICAÇÕES S/A

Pena Branca e Xavantinho, em 1987.

A dupla Tonico & Tinoco foi uma das precursoras da **música sertaneja**, um dos estilos musicais mais populares do Brasil. Conhecida por muito tempo como **música caipira**, a "música sertaneja" teve início no final da década de 1920 como forma de designar um conjunto de canções produzidas, principalmente, por pessoas que viviam no interior.

Seguindo a tendência das modas de viola, a música sertaneja, por muito tempo, caracterizou-se pelas canções cujas letras tratavam do campo, acompanhadas pelos solos de viola. As canções produzidas nessa fase fazem parte do estilo **sertanejo raiz.**

Entre os representantes do sertanejo raiz está a dupla José Ramiro Sobrinho (1939-2010) e Ranulfo Ramiro da Silva (1942-1999), conhecidos como Pena Branca e Xavantinho. A letra reproduzida a seguir foi composta por Xavantinho. Leia a letra abaixo e ouça uma gravação original dessa canção na faixa 11 do CD.

Rancho triste

"Seu moço, lá na roça ainda existe
Um ranchinho muito triste
Porque não tem morador
Um dia o lavrador cheio de filhos
Deixou a roça de milho
E pra cidade se mudou.

Pensando ser feliz mais que na roça
Deixou a sua palhoça
Pra morar no arranha-céu
Mas tudo não passou de um sonho antigo
Hoje sem lar, sem abrigo
Desempenha o seu papel.

E a morena tem saudade da viola
E o caboclo tem saudade do sertão } Refrão (2x)

E hoje, sem terra e sem moradia
Vive na periferia
Solitário e sem razão
Agora nem João, nem Maria
Só revolta todo o dia
Na procura do seu chão.

E aquele rancho triste lá no mato
Espera seu filho nato
Pra de novo ser feliz
A volta pro sertão de um sertanejo
É maior que um desejo
É viver e ser feliz.

E a morena tem saudade da viola
E o caboclo tem saudade do sertão." } Refrão (2x)

XAVANTINHO. Rancho triste. Intérpretes: Pena Branca & Xavantinho. Em: *Pena Branca & Xavantinho:* violas e canções. Vela Produções Artísticas Musicais e Comércio Ltda., 1993. Lado A, faixa 5.

Atividade

- **Que aspecto social é abordado na canção "Rancho triste"? Registre suas ideias nas linhas a seguir e, no dia agendado pelo professor, apresente-as aos colegas de classe.**

De caipira a universitário

Com o passar do tempo, a música sertaneja modernizou-se. Instrumentos como o acordeom, o violão e a guitarra elétrica passaram a dividir espaço com a viola, e as histórias de amor foram se tornando temas cada vez mais comuns das composições.

Influências internacionais também contribuíram para as mudanças ocorridas na música sertaneja. A guarânia, estilo musical tradicional do Paraguai, e o *country* estadunidense, por exemplo, ao longo dos anos, promoveram modificações melódicas e temáticas na música sertaneja.

Na década de 1980, com a formação de duplas como Chitãozinho & Xororó, Zezé Di Camargo & Luciano e Leandro & Leonardo, a música sertaneja se popularizou ainda mais e se tornou um dos principais produtos da indústria fonográfica.

LECO VIANA/FUTURA PRESS

Chitãozinho & Xororó, em São Paulo (SP), 2013.

De olho na imagem

Conheça outros músicos brasileiros que se dedicam à música sertaneja.

A partir da primeira década do ano 2000, a música sertaneja recebeu novas influências que culminaram no surgimento do **sertanejo universitário**. O nome deve-se ao fato de muitas duplas desse estilo terem se tornado conhecidas em festivais de música realizados em universidades das Regiões Centro-Oeste e Sudeste. No sertanejo universitário, diferentes estilos e ritmos, como o *rock*, o axé e o pagode, são combinados com a música sertaneja tradicional.

Atividade prática

- **Ouça, na faixa 12 do CD, as batidas da guarânia e do *country*. Depois, responda: você conhece músicas sertanejas que incorporaram elementos desses estilos musicais? Comente com os colegas.**

A música popular e as cifras

Na tradição musical do Ocidente, os sons usados para fazer música são chamados **notas musicais**. Esses sons são classificados de acordo com a frequência de vibração. Há sete notas musicais: **Dó**, **Ré**, **Mi**, **Fá**, **Sol**, **Lá** e **Si**. As notas musicais, em geral, são escritas em **partituras**, registros gráficos nos quais as notas são inscritas sobre um pentagrama. Veja a seguir um trecho da partitura para viola caipira da canção "Casa caipira".

Casa caipira

Tonico & Tinoco

LUIZ RUBIO

Entre os músicos populares, no entanto, é comum a representação das notas musicais ou dos **acordes** (duas ou mais notas que soam ao mesmo tempo) por meio de letras chamadas **cifras**. Veja na tabela a seguir as letras usadas nesse tipo de registro. Observe as cifras de "Casa caipira" e as compare com a partitura da mesma música.

Dó	C
Ré	D
Mi	E
Fá	F
Sol	G
Lá	A
Si	B

D7 **G**
"Pouco distante da aguada lá no chapadão que vira
D7 **D7 - C - D7**
Uma casinha barreada de uma família caipira
D7 **G**
A cerca de pau a pique logo ao chegar se depara
D7 **G - G7 - C - D7**
Dando um quadro todo chique uma porteira de vara.

[...]"

PIRES, Cornélio; TINOCO. Casa caipira. Disponível em: <www.tonicoetinoco.com.br>. Acesso em: 7 jul. 2015.

INDICAÇÕES

Para acessar

- **Academia Brasileira de Letras (ABL) – Artur Azevedo. Disponível em: <www.academia.org.br/abl/cgi/cgilua.exe/sys/start.htm?sid=281>. Acesso em: 7 jul. 2015.**

  Artur Azevedo foi um dos fundadores da ABL. Nesse *link*, é possível acessar a biografia, a bibliografia e textos selecionados desse escritor.

- **Academia Brasileira de Letras (ABL) – Martins Pena. Disponível em: <http://www.academia.org.br/abl/cgi/cgilua.exe/sys/start.htm?infoid=845&sid=280>. Acesso em: 7 jul. 2015.**

  Martins Pena é patrono da cadeira nº 29 da ABL e foi escolhido por Artur Azevedo. Nesse *link*, é possível obter informações sobre sua vida e obra.

- **João Câmara. Disponível em: <www.joaocamara.com/index2.php>. Acesso em: 7 jul. 2015.**

  Na página oficial do artista João Câmara, é possível conhecer algumas das obras criadas por ele. Além das pinturas, dos desenhos e das gravuras, há reproduções de obras digitais do artista.

- **Música sertaneja – Dicionário Cravo Albin da Música Popular Brasileira. Disponível em: <www.dicionariompb.com.br/musica-sertaneja/dados-artisticos>. Acesso em: 7 jul. 2015.**

  Nesse *link*, é possível obter informações sobre o surgimento da música sertaneja, seu desdobramento para o sertanejo universitário, além dos principais representantes desses estilos musicais.

- **Tonico & Tinoco. Disponível em: <www.tonicoetinoco.com.br>. Acesso em: 7 jul. 2015.**

  Essa página traz informações sobre a vida e a obra da dupla Tonico & Tinoco. É possível acessar, por exemplo, a discografia dos artistas, com a lista de músicas gravadas por eles desde 1945. Há também uma lista de músicas cifradas.

Para acessar e visitar

- **Pinacoteca do Estado de São Paulo**
  Endereço virtual: <www.pinacoteca.org.br>.
  Acesso em: 7 jul. 2015.
  Endereço físico: Praça da Luz, 2. Luz. CEP: 01120-010. São Paulo (SP).

  No acervo da Pinacoteca do Estado de São Paulo, há obras significativas produzidas do século XIX até os dias atuais, entre as quais se incluem obras de Almeida Júnior e Belmiro de Almeida. No *site*, é possível apreciar algumas obras e pesquisar dados sobre elas, como técnica, data e dimensões.

Para assistir

- ***Tapete vermelho*. Direção de: Luiz Alberto Pereira. Brasil, 2006, 100 min.**

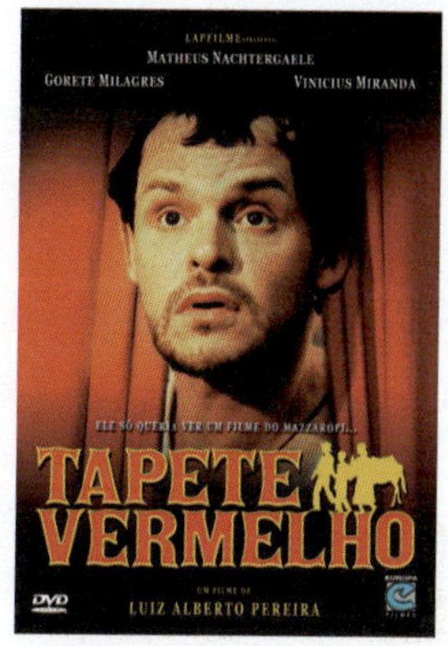

REPRODUÇÃO

  Essa comédia conta a história de Quinzinho, homem simples que vive com sua família em uma área rural. Certo dia, Quinzinho promete a seu filho que o levará à cidade para assistir a um filme estrelado por Mazzaropi. Essa comédia retrata as aventuras da família em busca de uma cidade onde exista uma sala de cinema em que se possa exibir o filme.

Para ler

- ***José Ferraz de Almeida Júnior*, de Nereide Schilaro Santa Rosa. São Paulo: Moderna, 1999. (Coleção Mestres das artes no Brasil)**

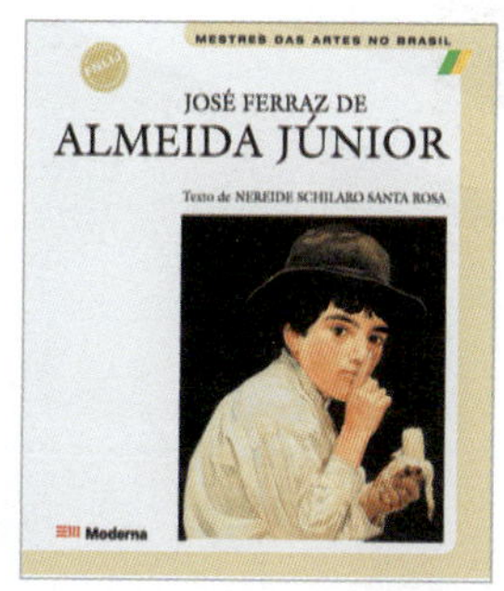

REPRODUÇÃO

  Esse livro traz informações sobre a vida e a obra de Almeida Júnior. O livro também apresenta reproduções de diversas pinturas do artista.

Para ouvir

- **Almir Sater – Um violeiro toca, de Almir Sater. Som Livre, 2006.**

REPRODUÇÃO

  Esse álbum reúne algumas das principais canções gravadas pelo violeiro e cantor Almir Sater. Entre elas estão "Cabecinha no ombro", "Chalana" e "Estradeiro".

UNIDADE

5

O MODERNISMO BRASILEIRO

Artistas de diferentes períodos representaram, em produções visuais, como pinturas e esculturas, temas relacionados ao Brasil e ao povo brasileiro. Essa tendência de representar temas nacionais se intensificou a partir da primeira metade do século XX, quando um grupo de artistas decidiu incorporar à arte brasileira as inovações artísticas ocorridas na Europa e, dessa forma, renovar a produção artística nacional. A obra criada nesta abertura foi produzida nesse período.

ROMULO FIALDINI/PINACOTECA DO ESTADO DE SÃO PAULO

Detalhe de *Tropical* (1917), de Anita Malfatti. Óleo sobre tela, 77 cm × 102 cm. Pinacoteca do Estado de São Paulo, São Paulo (SP).

Começando a Unidade

1. Descreva a obra reproduzida nesta abertura. O que mais chamou sua atenção?
2. Quais são as cores predominantes na obra? Qual seria a intenção da artista ao usar essas cores?
3. Que diferenças você observa entre *Tropical* e as pinturas que conheceu na Unidade anterior?

TEMA

1 O Modernismo no Brasil

O Movimento Modernista promoveu uma renovação no cenário artístico nacional.

Anita Malfatti e a exposição de 1917

Anita Malfatti (1889-1964), autora da obra reproduzida na abertura desta Unidade, iniciou muito cedo seus estudos artísticos. Entre 1910 e 1916, ela viveu na Alemanha e nos Estados Unidos, onde teve contato com as transformações pelas quais a arte passava no início do século XX.

Em 1917, pouco após retornar ao Brasil, Anita Malfatti organizou, em São Paulo (SP), a "Exposição de Pintura Moderna". Entre as obras apresentadas pela artista nessa exposição estavam *Tropical* e *O homem amarelo*, reproduzida a seguir.

Em *Tropical* e em *O homem amarelo*, Anita representou as formas de maneira estilizada. Essas obras eram bem diferentes das produções que até então vinham sendo realizadas por artistas acadêmicos como Almeida Júnior e Belmiro de Almeida. Além da estilização das formas, as cores fortes e contrastantes, os traços fechados e os contornos grossos diferenciam as obras de Anita Malfatti das produções acadêmicas.

As obras expostas pela artista em 1917 dividiram opiniões. Por um lado, animaram um grupo de jovens artistas que buscava inovações na arte brasileira. Por outro lado, receberam fortes críticas de pessoas que rejeitaram o fato de Anita Malfatti se afastar dos padrões acadêmicos. Entre os críticos da artista estava o escritor Monteiro Lobato (1882-1948), que, embora reconhecesse o talento de Malfatti, considerava que ela havia sido "seduzida" por estrangeirismos.

O homem amarelo (1915-1916), de Anita Malfatti. Óleo sobre tela, 61 cm × 51 cm. Coleção Mário de Andrade, Instituto de Estudos Brasileiros (IEB) da Universidade de São Paulo (USP), São Paulo (SP).

COLEÇÃO MÁRIO DE ANDRADE, INSTITUTO DE ESTUDOS BRASILEIROS (IEB) DA UNIVERSIDADE DE SÃO PAULO (USP)

COLEÇÃO PARTICULAR

Anita Malfatti em c. de 1912.

As influências de Anita Malfatti

A obra de Anita Malfatti foi fortemente influenciada por movimentos artísticos que se iniciaram no exterior. Um desses movimentos foi o **Expressionismo**, que originou-se na Alemanha no início do século XX.

Nas artes visuais, o Expressionismo caracteriza-se pela produção de obras dramáticas em que, em geral, são abordados temas como a solidão, a doença, a morte e o abandono. Os personagens dessas obras muitas vezes são representados com expressões de angústia e aflição.

Na Europa, um dos nomes mais importantes da arte expressionista foi Ernst Kirchner (1880-1938). Veja nesta página as reproduções de duas obras criadas por esse artista.

MUSEU THYSSEN-BORNEMISZA, MADRI

Fränzi diante de uma cadeira entalhada (1910), de Ernst Kirchner. Óleo sobre tela, 71 cm × 49,5 cm. Museu Thyssen-Bornemisza, Madri, Espanha.

PINACOTECA DE ARTE MODERNA, MUNIQUE

Autorretrato como paciente (1918), de Ernst Kirchner. Óleo sobre tela, 59,0 cm × 69,3 cm. Pinacoteca de Arte Moderna, Munique, Alemanha.

Observe que, nessas obras, as cores não correspondem à realidade e as formas são estilizadas. Observe também que a representação do espaço físico é deformada. O desejo de potencializar o impacto visual no espectador por meio do uso não convencional das cores e da distorção das formas caracteriza a arte expressionista.

Cor local

Com o Expressionismo, os artistas deixaram de representar em suas obras a **cor local**, ou seja, a cor original de um objeto quando visto sob a luz natural. Os artistas expressionistas passaram a atribuir cores aos objetos de acordo com as emoções que desejavam exprimir e os sentimentos que pretendiam despertar no espectador.

Atividade

- **Que características do Expressionismo podem ser observadas na obra *O homem amarelo*, de Anita Malfatti?**

____

____

____

As rupturas com a arte acadêmica

O Expressionismo foi um dos movimentos artísticos que, ao lado de outras mudanças ocorridas ainda no século XIX, deram origem ao **Modernismo**. Os artistas que faziam parte do movimento modernista opunham-se às normas da arte acadêmica. Veja nesta página a reprodução de uma obra de Rodolfo Amoedo (1857-1941), artista que se dedicou à arte acadêmica.

Os artistas modernos, como Anita Malfatti, propuseram abordagens alternativas para a composição das formas e para o uso das cores. Assim, enquanto nas produções acadêmicas as formas e as cores empregadas revelam o desejo dos artistas de representar o mundo real, nas produções modernas, as formas, em geral, são distorcidas e as cores não são naturalistas.

Os artistas modernistas também romperam com convenções acadêmicas – por exemplo, o domínio de técnicas clássicas, como a perspectiva e o claro-escuro –, criando novas relações entre a figura e o fundo e utilizando a luz de forma não convencional.

MUSEU NACIONAL DE BELAS ARTES (MNBA), RIO DE JANEIRO

Más notícias (1895), de Rodolfo Amoedo. Óleo sobre tela, 100 cm × 74 cm. Museu Nacional de Belas Artes (MNBA), Rio de Janeiro (RJ).

Atividade prática

- Após conhecer algumas mudanças ocorridas na arte a partir do início do século XX, **crie uma releitura da tela *Más notícias*, de Rodolfo Amoedo, atribuindo características modernistas** a essa obra. Você pode utilizar as obras de Anita Malfatti reproduzidas nesta Unidade como inspiração para sua criação. Utilize os materiais e siga os procedimentos a seguir.

Materiais

- Papel sulfite
- Lápis
- Borracha
- Tela de 20 cm × 30 cm
- Tinta acrílica nas cores preta, branca, amarela, azul, verde e vermelha
- Pincéis

Procedimentos

1. Decida como será sua releitura e faça um esboço a lápis de sua composição em uma folha de papel sulfite. Faça vários testes antes de definir a forma de seu trabalho.

FOTOS: DOTTA2

2. Transfira seu desenho, a lápis, para a tela.

3. Utilize os pincéis e a tinta acrílica para fazer sua pintura. Você pode misturar as tintas para obter as tonalidades desejadas.

4. Assine sua tela e apresente-a aos colegas no dia agendado pelo professor.

A Semana de Arte Moderna

A "Exposição de Pintura Moderna", realizada por Anita Malfatti em 1917, foi um dos primeiros acontecimentos modernistas no Brasil. O marco inaugural da arte moderna no país, no entanto, foi a **Semana de Arte Moderna**, evento realizado em São Paulo, em 1922, que reuniu representantes das artes visuais, da música e da literatura.

Entre os integrantes da "Semana de 22" estavam os pintores Anita Malfatti, Di Cavalcanti (1867-1976) e Vicente do Rego Monteiro (1899-1970), o escultor Victor Brecheret (1894-1955), os literatos Mário de Andrade (1893-1945), Oswald de Andrade (1890-1954) e Menotti Del Picchia (1892-1988) e os músicos Heitor Villa-Lobos (1887-1959) e Guiomar Novaes (1894-1979).

Com o Movimento Modernista, a abordagem de temas nacionais nas obras das mais variadas linguagens tornou-se ainda mais comum. Ao representar temas relacionados ao Brasil, os modernistas desejavam manifestar seu compromisso com a independência cultural do país, uma das características marcantes do movimento.

COLEÇÃO PARTICULAR

Membros da comissão organizadora da Semana de Arte Moderna. Foto de 1922.

COLEÇÃO PARTICULAR

Mário de Andrade em 1928.

Mário de Andrade e o patrimônio cultural brasileiro

Um dos mentores do Iphan (que como vimos na Unidade 1 é o órgão responsável pela preservação do patrimônio cultural brasileiro), fundado em 1937, foi o modernista Mário de Andrade. Ele foi pioneiro no reconhecimento da promoção do patrimônio cultural. Essa preocupação com a preservação do patrimônio, especialmente no que diz respeito aos bens imateriais, foi motivada, principalmente, por uma série de viagens que ele realizou ao interior do Brasil entre as décadas de 1920 e 1930. Nessas viagens, Mário de Andrade coletou informações sobre diferentes manifestações culturais tradicionais do Brasil.

TEMA

2 Tarsila do Amaral e as questões nacionais

Tarsila do Amaral é um dos ícones do Modernismo no Brasil.

Tarsila do Amaral

A abordagem de temas nacionais é característica fundamental da obra de Tarsila do Amaral (1886-1973), artista que, embora não tenha participado da "Semana de 22", esteve diretamente ligada ao movimento modernista brasileiro.

Tarsila do Amaral interessou-se pelas artes desde criança e, aos oito anos, pintou seu primeiro quadro. Algum tempo depois, ela estudou escultura e frequentou aulas de desenho e pintura no ateliê de Pedro Alexandrino (1856-1942), onde conheceu Anita Malfatti. Em 1920, Tarsila embarcou para Paris, na França. Nessa época, produziu *Retrato de Oswald de Andrade*, obra reproduzida nesta página e que apresenta características expressionistas.

Durante a Semana de Arte Moderna, Tarsila do Amaral estava em Paris, mas soube desse evento por meio de cartas enviadas por Anita Malfatti. Ao retornar ao Brasil, a artista se reuniu com Anita Malfatti, Mário de Andrade, Oswald de Andrade e Menotti Del Picchia e, ao lado deles, liderou o movimento modernista brasileiro.

ROMULO FIALDINI/TARSILA DO AMARAL EMPREENDIMENTOS - COLEÇÃO PARTICULAR

Retrato de Oswald de Andrade (1922), de Tarsila do Amaral. Óleo sobre tela, 51 cm × 42 cm. Coleção particular.

ARQUIVO DA FAMÍLIA

Tarsila do Amaral, em São Paulo (SP), na década de 1920.

A influência do Cubismo na obra de Tarsila do Amaral

De olho na imagem

Conheça outras obras cubistas.

Em 1923, Tarsila do Amaral viajou novamente para Paris e, mais uma vez, entrou em contato com os movimentos de vanguarda que ocorriam na Europa. Nessa temporada em Paris conheceu o **Cubismo**, movimento artístico que começou na França no início do século XX com base em pesquisas realizadas por Pablo Picasso (1881-1973) e Georges Braque (1882-1963).

As principais caraterísticas da arte cubista são a decomposição formal das imagens e dos planos, a representação de todas as vistas das figuras e a integração entre o fundo e a figura. Um dos mestres cubistas com os quais Tarsila do Amaral teve contato foi Fernand Léger (1881-1955), autor da obra reproduzida ao lado.

© FERNAND LÉGER/LICENCIADO POR AUTVIS, BRASIL, 2015 - MUSEU DE ARTE DA BASILEIA, SUÍÇA

A mulher e a criança (1922), de Fernand Léger. Óleo sobre tela, 171,2 cm × 240,9 cm. Museu de Arte da Basileia, Suíça.

O contato com o Cubismo influenciou a produção de Tarsila, e as formas representadas pela artista, aos poucos, geometrizaram-se. Além disso, Tarsila do Amaral incorporou a suas obras, cada vez mais, a representação de temas nacionais. Essas características podem ser observadas, por exemplo, na obra *A caipirinha*, reproduzida abaixo.

Para saber mais

Vanguardas europeias.

ROMULO FIALDINI/TARSILA DO AMARAL EMPREENDIMENTOS - COLEÇÃO SALIM TAUFIC SCHAHIN, SÃO PAULO

A caipirinha (1923), de Tarsila do Amaral. Óleo sobre tela, 60 cm × 81 cm. Coleção Salim Taufic Schahin, São Paulo (SP).

O Cubismo e a técnica da colagem

Uma das técnicas características do Cubismo é a **colagem**, ou seja, a incorporação de elementos como pedaços de diferentes tipos de papel. Um dos artistas cubistas que se dedicaram à técnica da colagem foi Georges Braque. Na obra reproduzida nesta página, por exemplo, ele recortou pedaços de papel e os colou sobre o suporte para simular a textura da madeira.

Prato de frutas e vidro (1912), de Georges Braque. Carvão vegetal e papel colado com textura em guache sobre papel-cartão, 62,9 cm × 45,7 cm. Museu Metropolitano de Arte, Nova York, Estados Unidos.

A colagem musical

A colagem como técnica artística também está presente em produções de outras linguagens. Existe, por exemplo, a **colagem musical**, técnica que permite a construção de canções por meio da utilização de sons de origens diversas. Essa técnica é utilizada desde o século XVII e ganhou destaque em meados do século XX com o surgimento da **música concreta**.

Atividade prática

- **Inspirado na tela de Georges Braque reproduzida acima, crie uma obra artística usando a técnica da colagem. Para isso, use os materiais a seguir e siga os procedimentos abaixo.**

Materiais

- Cartolina
- Pincel
- Cola branca
- Tesoura
- Pedaços de papel com diferentes espessuras, texturas e cores (ou pedaços de tecido, de plástico etc.)

Procedimentos

1. Escolha um tema para sua colagem. Poderá ser um retrato, um autorretrato, uma natureza-morta ou uma paisagem.
2. Corte a cartolina ao meio e faça um esboço, a lápis, de sua composição. Lembre-se das características principais do Cubismo, como a geometrização das formas e a integração entre o fundo e a figura.
3. Selecione os papéis que deseja utilizar e recorte-os. Em vez de papéis, você pode utilizar pedaços de tecido, de plástico etc.
4. Cole os pedaços de papel ou do outro material escolhido sobre a cartolina de acordo com o esboço de sua composição.
5. Dê um nome ao seu trabalho e apresente-o aos colegas no dia agendado pelo professor.

A escultura modernista

Os escultores modernistas libertaram-se da tradição clássica e, assim como os pintores, experimentaram novas técnicas e materiais. Na escultura *O Impossível*, reproduzida abaixo, da artista brasileira modernista Maria Martins (1894-1973), é possível observar formas orgânicas e expressivas, livres de qualquer figuração realista.

ROMULO FIALDINI/TEMPO COMPOSTO - COLEÇÃO PARTICULAR

O Impossível (1940), de Maria Martins. Escultura de bronze revestida de pátina, 160 cm × 160 cm × 85 cm. Coleção particular.

MAURICIUS FARINA/COLEÇÃO PARTICULAR

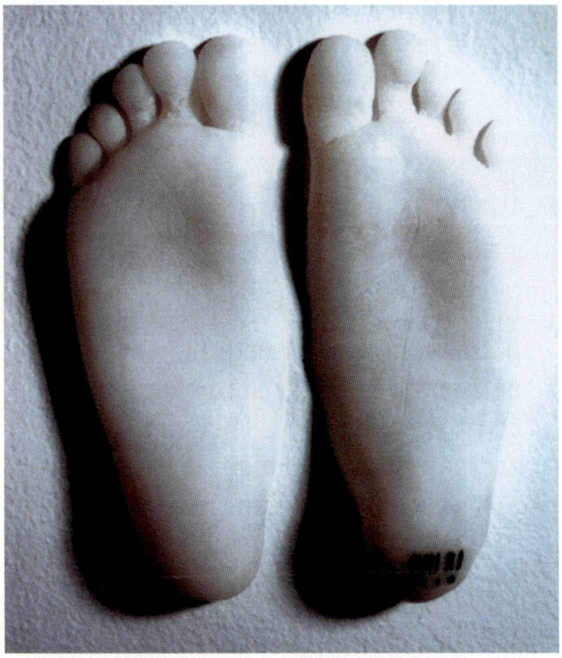

Fadário (1998), de Marta Strambi. Silicone e tatuagem, 15 cm × 10 cm. Coleção particular.

Maria Martins passou parte da vida no exterior, onde teve contato com movimentos e pensamentos artísticos desenvolvidos durante o século XX, como o Cubismo, o Expressionismo e o Surrealismo.

Assim como o movimento cubista influenciou as obras de Tarsila do Amaral e o expressionista, a produção de Anita Malfatti, o movimento surrealista, consolidado em 1924 na Europa, foi inspiração para o trabalho de diversos artistas, entre eles Maria Martins. Nas obras surrealistas, os artistas buscam expressar as manifestações do inconsciente humano, utilizando imagens irreais, muitas vezes inspiradas em sonhos.

As mudanças ocorridas com os movimentos de vanguarda do século XX possibilitaram a criação das mais diversas obras. A frequente experimentação de técnicas e o uso de materiais inusitados contribuíram para a criação de obras como *Fadário*, de Marta Strambi (1960-). Para produzir essa obra, a artista utilizou a técnica da **moldagem**, que consiste na elaboração de um molde para a obtenção do objeto artístico. Para moldar a escultura dos pés, Marta usou silicone. Depois que a escultura estava pronta, tatuou um código de barras na representação da sola do pé esquerdo.

Uma produção modernista

Em 1924, ao retornar ao Brasil, Tarsila do Amaral realizou uma série de viagens em que conheceu o Carnaval carioca e as cidades históricas de Minas Gerais. Essas viagens, assim como o Cubismo, influenciaram a produção da artista. Segundo Tarsila do Amaral, das cidades históricas, por exemplo, ela incorporou novas cores a suas produções, como o "azul puríssimo", o "rosa violáceo" e o "amarelo vivo". A tela *Carnaval em Madureira* foi produzida nesse período.

ROMULO FIALDINI/TARSILA DO AMARAL EMPREENDIMENTOS - FUNDAÇÃO JOSÉ E PAULINA NEMIROVSKY, SÃO PAULO

Carnaval em Madureira (1924), de Tarsila do Amaral. Óleo sobre tela, 76 cm × 63 cm. Acervo Fundação José e Paulina Nemirovsky, São Paulo (SP).

ROMULO FIALDINI/TARSILA DO AMARAL EMPREENDIMENTOS - MUSEU DE ARTE LATINO-AMERICANA DE BUENOS AIRES (MALBA), ARGENTINA

Abaporu (1928), de Tarsila do Amaral. Óleo sobre tela, 85 cm × 73 cm. Museu de Arte Latino-americana de Buenos Aires (Malba), Argentina.

Em 1928, Tarsila do Amaral produziu *Abaporu*, uma de suas obras mais conhecidas. Ela pintou essa tela para presentear Oswald de Andrade, que, na época, era seu marido. O título dessa obra é uma palavra de origem tupi que significa "aquele que come" e foi inspirado em grupos indígenas que praticavam a antropofagia, ou seja, alimentavam-se de carne humana em rituais.

Inspirado por *Abaporu*, Oswald de Andrade escreveu no mesmo ano o *Manifesto Antropófago*, considerado o marco teórico do movimento modernista brasileiro. Segundo esse manifesto, assim como o *Abaporu*, a arte brasileira deveria "devorar" a arte e a cultura estrangeiras, extraindo delas aquilo que lhe interessava para a construção de uma "arte verdadeiramente brasileira".

DE OLHO NA OBRA

ROMULO FIALDINI/TARSILA DO AMARAL EMPREENDIMENTOS - ACERVO DOS PALÁCIOS DO GOVERNO DO ESTADO DE SÃO PAULO, SP

Operários (1933), de Tarsila do Amaral. Óleo sobre tela, 150 cm × 205 cm. Acervo dos palácios do governo do estado de São Paulo (SP).

Em 1931, Tarsila do Amaral fez uma viagem à então União Soviética. Ao retornar ao Brasil, a artista vinculou-se a grupos socialistas e promoveu uma mudança em seu trabalho.

GLOSSÁRIO

União Soviética: estado socialista que se desmembrou em vários países em 1991, entre os quais a Rússia.

Socialismo: doutrina política e econômica que prega a coletivização dos meios de produção e de distribuição, por meio do fim da propriedade privada e das classes sociais.

Dialogando com História

Detalhes da obra

1. Fase social

A obra *Operários* revela a preocupação de Tarsila do Amaral com os problemas enfrentados pela classe operária. No detalhe, Tarsila representou as chaminés de uma fábrica, local onde trabalham os operários. Essa obra faz parte da chamada **fase social** da produção da artista.

2. A diversidade

Tarsila representou a diversidade étnica observada na classe operária brasileira. Isso se explica pela existência de pessoas de diferentes nacionalidades que se radicaram no Brasil e foram trabalhar nas indústrias.

Repressão aos trabalhadores

A década de 1930 marcou o início da industrialização no Brasil, processo que promoveu uma mudança definitiva na história do país. Nesse período, ocorreram várias mobilizações e greves, que foram duramente reprimidas pela polícia.

Questões

1. **Em sua opinião, o que as feições dos personagens representados por Tarsila do Amaral, no quadro *Operários*, revelam** sobre as condições de vida dos trabalhadores da época em que a obra foi produzida?

2. Todas as pessoas parecem ter a mesma idade? O número de mulheres equivale ao de homens? O que essas informações sugerem?

TEMA

3 O Modernismo no teatro

***O rei da vela* é um marco da história do teatro brasileiro.**

COLEÇÃO PARTICULAR

Oswald de Andrade em c. de 1920.

Oswald de Andrade e *O rei da vela*

Oswald de Andrade – que, como vimos nas páginas anteriores, foi um dos principais integrantes do movimento modernista brasileiro – é considerado um dos precursores do teatro brasileiro moderno. Ele é autor de *O rei da vela*, uma das primeiras peças de teatro concebidas sob os princípios do Modernismo. A peça foi escrita em 1933 e publicada em 1937. A primeira montagem do espetáculo ocorreu em 1967 pelo grupo Teatro Oficina, de São Paulo.

Em *O rei da vela*, Oswald de Andrade apresenta uma visão não idealizada da sociedade da época, abordando de forma cômica e satírica os costumes e os valores daquela sociedade. Dois dos principais personagens da história são Abelardo I e Abelardo II, proprietários da Abelardo & Abelardo, uma empresa de agiotagem (que realiza o empréstimo de dinheiro a juros superiores à taxa legal). A palavra *vela*, na época, também era utilizada para se referir à prática da agiotagem, criticada na peça.

O espetáculo é dividido em três atos. Grande parte da história se passa no escritório da Abelardo & Abelardo, onde os proprietários recebem clientes que passam por dificuldades financeiras. Abelardo II é caracterizado como um domador de feras. Ele usa um chicote para atender seus clientes, que ficam presos em uma jaula.

HUGO ROCHA

Apresentação da peça *O rei da vela* (1967), encenada pelo Grupo de Pesquisa Cênica do Sesc-DF, em Brasília (DF), 2010.

O rei da vela

Leia a seguir um trecho do primeiro ato de *O rei da vela*.

Conversa com o artista
Entrevista com o pesquisador de teatro Sérgio de Carvalho.

"[...]

Abelardo I, Abelardo II e O Cliente

ABELARDO I (*Sentado em conversa com O Cliente. Aperta um botão, ouve-se um forte barulho de campainha.*) – Vamos ver...

ABELARDO II (*Veste botas e um [traje] completo de domador de feras. Usa pastinha e enormes bigodes retorcidos. Monóculo. Um revólver à cinta.*) – Pronto, seu Abelardo.

ABELARDO I – Traga o dossiê desse homem.

ABELARDO II – Pois não! O seu nome?

O CLIENTE (*Embaraçado, o chapéu na mão, uma gravata de corda no pescoço magro.*) – Manoel Pitanga de Moraes.

ABELARDO II – Profissão?

O CLIENTE – Eu era proprietário quando vim aqui pela primeira vez. Depois fui dois anos funcionário da Estrada de Ferro Sorocabana. O empréstimo, o primeiro, creio que foi feito para o parto. Quando nasceu a menina...

ABELARDO II – Já sei. Está nos IMPONTUAIS. (*Entrega o dossiê reclamado e sai.*)

ABELARDO I (*Examina.*) – Veja! Isto não é comercial, seu Pitanga! O senhor fez o primeiro empréstimo em fins de 29. Liquidou em maio de 1931. Fez outro em junho de 31, estamos em 1933. Reformou sempre. Há dois meses suspendeu o serviço de juros... Não é comercial...

O CLIENTE – Exatamente. Procurei o senhor a segunda vez por causa da demora de pagamento na Estrada, com a Revolução de 30. A primeira foi para o parto. A criança já tinha dois anos. E a Revolução de 30... Foi um mau sucesso que complicou tudo...

ABELARDO I – O senhor sabe, o sistema da casa é reformar. Mas não podemos trabalhar com quem não paga juros... Vivemos disso. O senhor cometeu a maior falta contra a segurança do nosso negócio e o sistema da casa...

O CLIENTE – Há dois meses somente que não posso pagar juros.

ABELARDO I – Dois meses. O senhor acha que é pouco?

O CLIENTE – Por isso mesmo é que eu quero liquidar. Entrar num acordo. A fim de não ser penhorado. Que diabo! O senhor tem auxiliado tanta gente. É o amigo de todo mundo... Por que comigo não há de fazer um acordo?

ABELARDO I – Aqui não há acordo, meu amigo. Há pagamento!

O CLIENTE – Mas eu me acho numa situação triste. Não posso pagar tudo, seu Abelardo. Talvez consiga um adiantamento para liquidar...

ABELARDO I – Apesar de sua impontualidade, examinaremos as suas propostas...

O CLIENTE – Mas eu fui pontual dois anos e meio. Paguei enquanto pude! A minha dívida era de um conto de réis. Só de juros eu lhe trouxe aqui nesta sala mais de dois contos e quinhentos. E até agora não me utilizei da lei contra a usura...

ABELARDO I (*Interrompendo-o, brutal.*) – Ah! Meu amigo. Utilize-se dessa coisa imoral e iníqua. Se fala de lei de usura, estamos com as negociações rotas... Saia daqui!

O CLIENTE – Ora, seu Abelardo. O senhor me conhece. Eu sou incapaz!

ABELARDO I – Não me fale nessa monstruosidade porque eu o mando executar hoje mesmo. Tomo-lhe até a roupa, ouviu? A camisa do corpo.

O CLIENTE – Eu não vou me aproveitar, seu Abelardo. Quero lhe pagar. Mas quero também lhe propor um acordo. A minha situação é triste... Não tenho culpa de ter sido dispensado. Empreguei-me outra vez. Despediram-me por economia. Não ponho minha filhinha na escola porque não posso comprar sapatos para ela.

Não hei de morrer de fome também. Às vezes não temos o que comer em casa. Minha mulher agora caiu doente. No entanto, sou um homem habilitado. Tenho procurado inutilmente emprego por toda a parte. Só tenho recebido nãos enormes. Do tamanho do céu! Agora, aprendi escrituração, estou fazendo umas escritas. Uns biscates. Hei de arribar... Quero ver se adiantam para lhe pagar.

ABELARDO I – Mas, enfim, o que é que o senhor me propõe?

O CLIENTE – Uma pequena redução no capital.

ABELARDO I – No capital! O senhor está maluco! Reduzir o capital? Nunca!

O CLIENTE – Mas eu já paguei mais do dobro do que levei daqui...

ABELARDO I – Me diga uma coisa, seu Pitanga. Fui eu que fui procurá-lo para assinar este papagaio? Foi o meu automóvel que parou diante do seu casebre para pedir que aceitasse o meu dinheiro? Com que direito o senhor me propõe uma redução no capital que eu lhe emprestei?

O CLIENTE (*Desnorteado*) – Eu já paguei duas vezes...

ABELARDO I – Suma-se daqui! (*Levanta-se.*) Saia ou chamo a polícia. É só dar o sinal de crime neste aparelho. A polícia ainda existe...

O CLIENTE – Para defender os capitalistas! E os seus crimes!

ABELARDO I – Para defender o meu dinheiro. Será executado hoje mesmo. (*Toca a campainha.*) Abelardo! Dê ordens para executá-lo! Rua! Vamos. Fuzile-o. É o sistema da casa.

O CLIENTE – Eu sou um covarde! (*Vai chorando.*) O senhor abusa de um fraco, de um covarde!

(*Menos o cliente.*)

ABELARDO I – Não faça entrar mais ninguém hoje, Abelardo.

ABELARDO II – A jaula está cheia... seu Abelardo!

ABELARDO I – Mas esta cena basta para nos identificar perante o público. Não preciso mais falar com nenhum dos meus clientes. São todos iguais. Sobretudo não me traga pais que não podem comprar sapatos para os filhos...

[...]"

ANDRADE, Oswald de. *O rei da vela*. São Paulo: Globo, 2003. p. 39-43. (Obras completas de Oswald de Andrade).

Atividades

1. **Leia o texto e procure no dicionário o significado das palavras que você não conhece. Registre os resultados nas linhas a seguir.**

____

____

____

2. **Faça uma pesquisa sobre a Revolução de 1930 e a Lei da Usura. A seguir responda: qual é a importância de conhecer informações sobre esse acontecimento e essa lei para a compreensão do texto?**

____

____

Atividade prática

- **Junte-se a quatro colegas e, seguindo as orientações do professor, participem de um jogo de improvisação que terá como ponto de partida o trecho de *O rei da vela* reproduzido nesta página e na página anterior. Depois de participarem do jogo, comentem sobre a experiência com os colegas, destacando o que mais gostaram e quais foram as dificuldades.**

INDICAÇÕES

Para acessar

- **Catálogo *Raisonné* de Tarsila do Amaral. Disponível em: <www.base7.com.br/tarsila>. Acesso em: 7 jul. 2015.**

  Nesse endereço, é possível acessar o "Catálogo *Raisonné*" de Tarsila do Amaral, que reúne as produções e informações biográficas da artista. O catálogo foi produzido em lembrança dos 120 anos de nascimento da pintora.

- **Manifesto Antropófago – Antologia de Textos Fundadores do Comparatismo Literário Interamericano. Disponível em: <http://www.ufrgs.br/cdrom/oandrade/>. Acesso em: 7 jul. 2015.**

  Esse *link* apresenta na íntegra o Manifesto Antropófago e o Manifesto da Poesia Pau-Brasil. Escrito por Oswald de Andrade em 1928, o Manifesto Antropófago constitui o marco teórico do movimento modernista brasileiro.

- **Tarsila. Disponível em: <www.tarsiladoamaral.com.br>. Acesso em: 7 jul. 2015.**

  Nesse endereço eletrônico, é possível obter dados sobre a produção de Tarsila do Amaral e visualizar as obras da artista classificadas por períodos. O *site* também traz informações sobre a vida da artista, desde sua infância até a maturidade.

Para acessar e visitar

- **Museu de Arte Moderna de São Paulo (MAM)**

  Endereço virtual: <www.mam.org.br>.
  Acesso em: 7 jul. 2015.
  Endereço físico: Avenida Pedro Álvares Cabral, Parque Ibirapuera, portão 3. Ibirapuera.
  CEP: 04094-000. São Paulo (SP).

  Além de reunir obras de arte modernas e contemporâneas, o MAM oferece cursos destinados a alunos iniciantes e especialistas. O *site* permite que o público pesquise o acervo do museu a partir do nome do artista, pelo título ou pela imagem da obra.

Para ler

- ***Anita Malfatti*, de Angela Braga Torres. São Paulo: Moderna, 2002. (Mestres das Artes no Brasil)**

  Nesse livro, Angela Braga Torres discorre sobre o modo como as cores e as pinceladas de Anita Malfatti, atraída pelo Expressionismo alemão, chocaram seus familiares, os críticos de arte e a sociedade brasileira em geral.

REPRODUÇÃO

- ***Modernismo no Brasil*: panorama das artes visuais, de Beá Meira. São Paulo: Ática, 2006. (Panorama das Artes Visuais)**

  O livro aborda o Modernismo no Brasil e apresenta informações sobre os protagonistas desse movimento e suas principais criações artísticas.

REPRODUÇÃO

- ***O rei da vela*, de Oswald de Andrade. Rio de Janeiro: MEDIAfashion, 2008. (Coleção Folha Grandes escritores brasileiros, v. 10)**

  O rei da vela é uma das mais importantes peças de teatro do Brasil. Escrita em 1933, constitui uma crítica à sociedade brasileira da época. Essa peça foi encenada pela primeira vez em 1967, pelo Teatro Oficina.

REPRODUÇÃO

- ***Semana de 22*: entre vaias e aplausos, de Marcia Camargos. São Paulo: Boitempo Editorial, 2002. (Coleção Pauliceia)**

  Esse livro apresenta uma análise aprofundada da Semana de Arte Moderna de 1922, destacando sua importância para a arte e a cultura nacional. A autora apresenta diversas fotografias e ilustrações relacionadas ao evento.

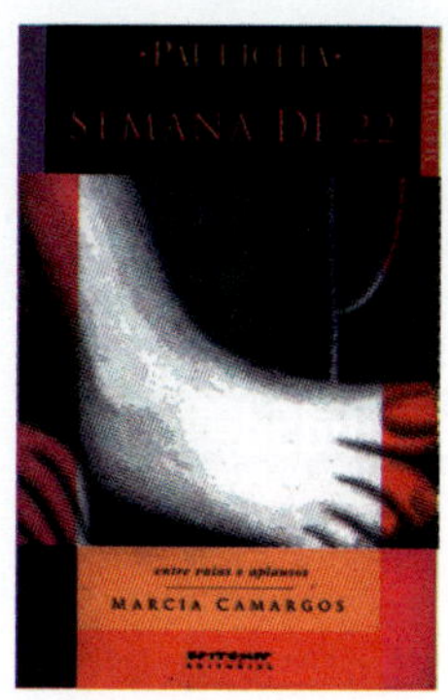

REPRODUÇÃO

UNIDADE

6 A EXPRESSÃO DO ARTISTA

A arte e a expressão estão diretamente relacionadas. Afinal, a produção artística é um dos meios encontrados pelos seres humanos para expressar seus sentimentos e sua visão de mundo a respeito de condições, fatos ou situações que os afetam de alguma maneira. Muitos artistas utilizam diferentes linguagens para criar obras que abordam, por exemplo, questões sociais. É o caso do grupo Margaridas Dança, no espetáculo retratado na imagem desta abertura.

Começando a Unidade

1. Descreva as expressões das dançarinas que aparecem na foto. O que mais chamou sua atenção?
2. Você já assistiu a alguma apresentação de dança? Era parecida com o espetáculo retratado na foto desta abertura?

CÍCERO BEZERRA/MARGARIDAS DANÇA

Cena do espetáculo *Rainha*, do grupo Margaridas Dança, em Brasília (DF), 2007.

UNIDADE

7 CANÇÕES QUE FALAM DO BRASIL

Ao longo dos anos, muitos artistas compuseram e interpretaram canções que tinham o Brasil como tema principal. Tal qual as pinturas de artistas como Tarsila do Amaral e Candido Portinari, que conhecemos nas Unidades anteriores, essas composições, muitas vezes, retratam aspectos políticos, sociais e econômicos da época em que foram produzidas e, desse modo, revelam um país que muitos brasileiros não conhecem. Uma dessas canções é "Brasil", que se tornou sucesso no final da década de 1980 na voz de Agenor de Miranda Araújo Neto (1958-1990), o Cazuza.

Começando a Unidade

1. O que você sabe a respeito de Cazuza? Você já ouviu a canção "Brasil"?
2. Você conhece outras músicas que têm o Brasil como tema?

CÍCERO BEZERRA/MARGARIDAS DANÇA

Cena do espetáculo *Rainha*, do grupo Margaridas Dança, em Brasília (DF), 2007.

1 Dança: liberdade e expressão

A dança é uma das linguagens utilizadas pelos artistas para expressar seu olhar e seu pensamento.

Rainha

A foto reproduzida na abertura desta Unidade é de uma cena de *Rainha*, espetáculo de dança apresentado em 2007 pelo grupo Margaridas Dança. A condição das mulheres negras na atualidade, com destaque para questões como a marginalização social, o preconceito racial etc., é o tema desse espetáculo. Formado em Brasília, no Distrito Federal, o grupo Margaridas Dança existe desde 2004 e investe em espetáculos que rompem com modelos tradicionais da dança. Uma caraterística do grupo é promover o encontro da dança com outras linguagens, como a literatura, a música e as artes visuais.

No espetáculo *Rainha*, duas dançarinas se expressam livremente por meio de movimentos, enquanto declamam textos de escritoras negras brasileiras e estrangeiras. Fazem parte do espetáculo, por exemplo, textos das brasileiras Carolina Maria de Jesus (1914-1977) e Negra Li (1979-) e das estadunidenses Toni Morisson (1931-) e Alice Walker (1944-). O espetáculo, dessa forma, reúne elementos da dança e da literatura.

A trilha musical também faz referência ao universo feminino negro. São utilizadas, no espetáculo, canções que se tornaram sucesso com a interpretação de cantoras como Clementina de Jesus (1901-1987) e Clara Nunes (1943-1983).

CÍCERO BEZERRA/MARGARIDAS DANÇA

Cena do espetáculo *Rainha*, do grupo Margaridas Dança, em Brasília (DF), 2007.

Atividade

- Em sua opinião, qual é a importância de produções artísticas que, assim como o espetáculo *Rainha*, **abordam questões sociais**, como a discriminação racial e de gênero?

Carolina Maria de Jesus

Carolina Maria de Jesus nasceu na zona rural do município de Sacramento (MG) e, ao longo da vida, trabalhou como empregada doméstica e catadora de materiais recicláveis. Ela estudou apenas até a segunda série do antigo Primário (correspondente ao terceiro ano do Ensino Fundamental), mas tinha muito talento para escrever.

Ela tinha um diário no qual anotava acontecimentos de seu dia a dia, as dificuldades pelas quais passava, seus sonhos, os cuidados com os filhos e a convivência com vizinhos. Esse diário foi transformado em livro e publicado em 1960, com o título *Quarto de despejo*. O livro ficou conhecido no mundo todo, além de ser adaptado para o teatro, para o cinema e para uma série de televisão. Uma das adaptações do livro para o cinema foi o curta-metragem *Carolina*, dirigido por Jeferson De, em 2003.

No Museu Afro Brasil, em São Paulo (SP), há uma biblioteca com mais de 10 mil itens relacionados à cultura e à história africana e afro-brasileira. Essa biblioteca recebeu o nome de Carolina Maria de Jesus em homenagem à escritora.

CARLOS NAMBA/ABRIL COMUNICAÇÕES S/A

Carolina Maria de Jesus com seu livro *Quarto de despejo*, em 1977.

REPRODUÇÃO

Zezé Motta em cena do curta-metragem *Carolina*, 2003.

Jeferson De

Jeferson De nasceu em Taubaté (SP), em 1969, e formou-se em cinema pela Universidade de São Paulo (USP). Em 2000, apresentou o manifesto *Dogma Feijoada*, que trouxe à tona uma discussão sobre o cinema negro e sua até então inexpressiva presença no cenário brasileiro.

Entre suas obras estão o curta-metragem *Carolina* (2003), premiado no Festival de Gramado (RS), e o longa-metragem *Bróder* (2010), premiado nos festivais de Paulínia (SP) e de Gramado.

CRISTIANE ARENAS

Jeferson De, em São Paulo (SP), 2014.

Rainha: uma proposta contemporânea

No espetáculo *Rainha*, ao propor uma narrativa não linear e não investir em estilos, técnicas e modelos tradicionais, o grupo Margaridas Dança estimula a autonomia do dançarino e valoriza a singularidade do tema. Essas características são marcantes na **dança contemporânea**.

Os grupos que se dedicam à dança contemporânea desenvolvem métodos de trabalho que permitem a exploração de diferentes movimentos. Essa liberdade na composição dos movimentos possibilita ao dançarino mais conhecimento do próprio corpo, o que o torna **criador-intérprete** de suas coreografias. Assim, nas apresentações é comum que se mesclem movimentos baixos, médios ou altos, lentos ou rápidos, diretos e flexíveis, livres e controlados, fortes e leves etc.

Observe a foto a seguir. Ela mostra uma cena do espetáculo *Segundo*. Por meio da posição dos dançarinos, podemos perceber que eles realizam movimentos em níveis diferentes. Enquanto o dançarino à esquerda realiza um movimento baixo, a dançarina à direita realiza um movimento médio.

JOSEMAR CALLEFI

Gabriel Côrtes e Tainara Carareto em cena do espetáculo *Segundo*, Goiânia (GO), 2013. Além de atuar, os dançarinos que aparecem na foto foram também os criadores do espetáculo.

Atividade prática

- Reúnam-se em duplas ou em trios e elaborem uma **sequência de movimentos que passe pelos três níveis**: baixo (com o corpo próximo ao chão), médio (com os joelhos flexionados e o tronco levemente inclinado) e alto (com a coluna ereta e as pernas e os braços estendidos). Criem, pelo menos, dois movimentos em cada nível e os ensaiem para realizá-los em um tempo determinado (ritmo). Cuidem para que a transição entre um nível e outro não fique fora do ritmo estabelecido, ou seja, para que não haja pausas entre os movimentos. Selecionem uma música para acompanhar sua sequência. Apresentem a composição de vocês para os demais colegas e comentem os pontos positivos e as dificuldades que encontraram ao realizar o trabalho.

A dança a partir do século XX

Propostas contemporâneas como as desenvolvidas pelo grupo Margaridas Dança só são possíveis graças a uma série de mudanças ocorridas na dança a partir do século XX, quando diversos dançarinos e pesquisadores passaram a renovar e a ampliar a prática, dando início ao que chamamos **dança moderna**.

Uma das pioneiras dessa renovação foi a dançarina estadunidense Isadora Duncan (1877-1927). Ela foi responsável por incorporar à dança movimentos livres e espontâneos, que valorizavam a expressividade do artista, destacando seus sentimentos e suas emoções.

Isadora Duncan foi pioneira ao abolir a sapatilha de pontas e o figurino tradicional do balé clássico. Ela usava vestes leves e esvoaçantes, inspiradas naquelas utilizadas pelas mulheres da Grécia antiga.

Outra dançarina estadunidense que contribuiu para a consolidação da dança moderna foi Loie Fuller (1862-1928). Assim como Isadora Duncan, Fuller acreditava que a dança devia se libertar das narrativas dos contos de fadas, dos figurinos que restringiam movimentos e das coreografias fundamentadas em passos preestabelecidos.

Uma das principais inovações de Loie Fuller foi a criação de uma grande vestimenta de seda sobre a qual eram projetados feixes de luz coloridos durante suas apresentações. Para movimentar essa vestimenta, a dançarina utilizava bastões presos aos braços. O figurino, dessa maneira, transformava-se em uma grande tela em movimento.

BIBLIOTECA BANCROFT/UNIVERSIDADE DA CALIFÓRNIA, BERKELEY

Isadora Duncan. Foto tirada entre 1906 e 1912. Biblioteca Bancroft, Universidade da Califórnia, Berkeley, Estados Unidos.

De olho na imagem

Conheça mais espetáculos de Isadora Duncan.

BIBLIOTECA DO CONGRESSO, WASHINGTON

Loie Fuller em apresentação. Foto de c. de 1902. Biblioteca do Congresso, Washington, Estados Unidos.

Loie Fuller e os anos na França

Loie Fuller viveu muitos anos em Paris, na França, onde seu trabalho alcançou grande sucesso. Na capital francesa, Loie Fuller tornou-se amiga de vários artistas, cientistas e intelectuais, como o pintor Henri de Toulouse-Lautrec (1864-1901) e os irmãos Louis (1864-1948) e Auguste Lumière (1862-1954), considerados os "pais" do cinema. Em 1896, os irmãos Lumière captaram imagens de uma apresentação da dançarina e as transformaram em um dos primeiros filmes coloridos da história do cinema.

O trabalho de Rudolf Laban

Outro dançarino que ajudou a promover a revolução na dança no século XX foi Rudolf Laban (1879-1958). Assim como Isadora Duncan, ele rompeu com as propostas de dança tradicionais e desenvolveu uma nova maneira de conceber a dança e se relacionar com essa manifestação artística. Laban se opôs ao distanciamento do dançarino de seu contexto sociopolítico. Por meio de suas propostas, ele desejava aproximar a dança da vida, dos conflitos e dos desejos dos seres humanos. Por essa razão, em muitas peças de dança, o artista abordava questões políticas e sociais.

Laban também foi o responsável pelo desenvolvimento de um registro para as coreografias e para os movimentos. Esse registro é chamado de ***labanotation***.

No Brasil, uma das responsáveis pela introdução do método desenvolvido por Laban foi Maria Duschenes (1922-2014). Nascida na Hungria e radicada no Brasil desde 1950, Maria Duschenes buscava nos gestos do cotidiano as mais variadas possibilidades de comunicação. Os ensinamentos de Laban transmitidos por Maria Duschenes estão entre as principais referências de grupos que se dedicam à dança contemporânea no Brasil.

Conversa com o artista

A dança moderna e contemporânea.

FELIX H. MAN/ULLSTEIN BILD/EASYPIX

Grupo de dança dirigido por Laban durante ensaio, em Bayreuth, Alemanha, 1930.

MARINEZ MARAVALHAS GOMES

Foto da coreografia *Magitex*, de 1978, criada por Maria Duschenes.

DE OLHO NA OBRA

O Expressionismo – movimento que conhecemos na Unidade anterior – se manifestou em várias linguagens artísticas. Na dança, por exemplo, a bailarina alemã Mary Wigman (1886-1973), ao se aproximar de pintores expressionistas alemães e do coreógrafo húngaro Rudolf Laban, passou a se dedicar à criação de coreografias com características expressionistas.

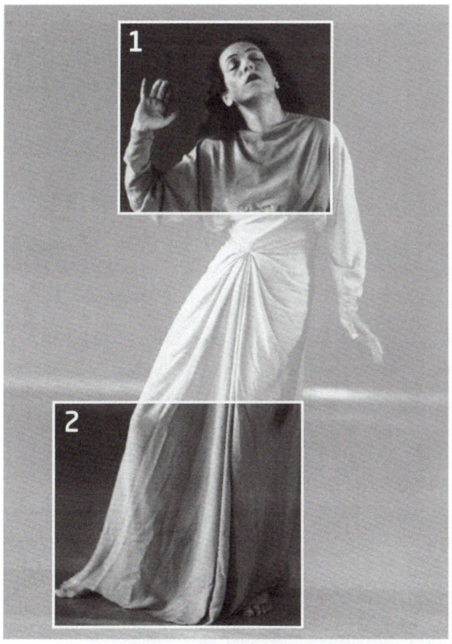

FRIEDRICH/INTERFOTO/LATINSTOCK

Mary Wigman em cena do espetáculo *Dança das memórias*, em Dresden, Alemanha, na década de 1930.

Detalhes da obra

1. A expressão
As coreografias de Mary Wigman continham forte carga dramática, que era expressa por meio de gestos e movimentos do corpo.

2. Dança e música
Aluna e colaboradora de Rudolf Laban, Mary Wigman defendia a ideia de que a dança deveria se libertar da música, pois o corpo "canta" por si próprio. O figurino contribuía com essa proposta de Mary Wigman.

TEMA

2 Questões sociais nas telas de Portinari

Muitos artistas visuais abordam questões sociais em suas obras.

De olho na imagem

Conheça mais obras da série *Retirantes*.

Portinari e os retirantes

A obra desta página foi criada por Candido Portinari (1903-1962), considerado um dos mais importantes artistas brasileiros. Observe que, nessa obra, Portinari lançou um olhar muito especial sobre a vida dos retirantes – como são chamadas as pessoas que abandonam o sertão nordestino, por causa da seca, em busca de um lugar que ofereça melhores condições de vida.

A tela *Retirantes* revela uma característica marcante na produção do artista: a abordagem de temas sociais.

Retirantes (1944), de Candido Portinari. Óleo sobre tela, 190 cm × 180 cm. Museu de Arte de São Paulo Assis Chateaubriand (Masp), São Paulo (SP).

REPRODUÇÃO AUTORIZADA POR JOÃO CANDIDO PORTINARI/PROJETO PORTINARI-MUSEU DE ARTE DE SÃO PAULO ASSIS CHATEAUBRIAND (MASP), SÃO PAULO

A beleza está nos olhos de quem vê?

A **beleza** é uma das qualidades mais importantes de uma obra de arte e está relacionada com as emoções despertadas em quem a observa.

Desde muito cedo, somos levados a imaginar que só as imagens felizes despertam nossas emoções. Em muitos momentos, porém, ocorre justamente o inverso: são as imagens fortes e até mesmo violentas que mais nos emocionam. Na obra *Retirantes*, por exemplo, Portinari representou uma cena triste da vida dos retirantes de forma emocionante.

Por isso, ela é considerada bela.

Atividade

- **Descreva o cenário e os personagens representados na obra. Qual seria a intenção de Portinari ao representar esses elementos dessa forma?**

As influências de Portinari

As obras de Portinari refletem as muitas influências que o artista recebeu. No início de sua carreira, por exemplo, Portinari foi influenciado pela produção de Almeida Júnior, artista que, como vimos na Unidade 4, após ter tido contato com o Realismo europeu, passou a se dedicar à produção de obras de temática regionalista.

Inspirado em Almeida Júnior, entre as décadas de 1920 e 1930, Portinari produziu uma série de pinturas com forte cunho social, em que representou o trabalhador brasileiro. Nessas obras, os corpos são estilizados e, muitas vezes, apresentam vigorosas formas volumétricas, característica que parece enaltecer a força física e a solidez moral do trabalhador. Nesse período, Portinari utilizava, em suas composições, tons terrosos, que iam dos marrons aos alaranjados. Veja essas características na obra reproduzida a seguir.

Candido Portinari, no Rio de Janeiro (RJ), 1956.

Café (1938), de Candido Portinari. Afresco, 2,8 m × 2,97 m. Palácio Gustavo Capanema, Rio de Janeiro (RJ).

DE OLHO NA OBRA

Guerra (1952-1956), de Candido Portinari. Óleo sobre madeira, 14 m × 10,58 m. Sede da ONU em Nova York, Estados Unidos.

Paz (1952-1956), de Candido Portinari. Óleo sobre madeira, 14 m × 9,53 m. Sede da ONU em Nova York, Estados Unidos.

A partir da década de 1940, Candido Portinari se afastou do Realismo e sua obra passou a ser muito influenciada pelo Modernismo. Características expressionistas e cubistas podem ser observadas, por exemplo, nos painéis *Guerra* e *Paz* (1952-1956), reproduzidos nesta seção. Esses painéis foram feitos por Portinari a pedido do governo brasileiro e doados à Organização das Nações Unidas (ONU). Em 1957, os painéis foram expostos pela primeira vez na sede da organização em Nova York.

Detalhes da obra

1. Pessoas desesperadas

No painel *Guerra*, Portinari pintou personagens que parecem estar desesperados. A expressão de desespero revela a opção do artista em representar a guerra por meio do sofrimento causado nos cidadãos comuns. Embora o mundo tivesse acabado de passar pela Segunda Guerra Mundial (1939-1945), Portinari preferiu omitir em sua obra elementos como bombas e aviões de combate.

2. Coro

No painel *Paz*, Portinari pintou um grupo de pessoas que parecem cantar. Esse foi um dos elementos escolhidos por ele para representar a paz.

3. Os meninos de Brodowski

O painel *Paz* traz representações de brincadeiras infantis que fazem menção à infância do artista na cidade de Brodowski, no interior de São Paulo.

Atividade prática

- **Reúna-se com quatro colegas para produzir um painel. Vejam a seguir os materiais necessários e os procedimentos para fazer o trabalho.**

Materiais

- Jornais ou revistas impressos
- Cola
- Tesoura sem ponta
- Papel *kraft*

Procedimentos

1. Inspirados pelas obras *Guerra* e *Paz*, escolham um tema atual do Brasil para representar em um painel. O tema pode relacionar-se com diferentes aspectos da história, da cultura ou da sociedade brasileira.
2. Procurem, em jornais e revistas, imagens que possam ser utilizadas no painel e as recortem.
3. Colem as imagens em um pedaço de papel *kraft*, que servirá de suporte para a obra.
4. Deem um título à produção.
5. No dia agendado, exponham o painel no local determinado pelo professor.

A liberdade de expressão

A **liberdade de expressão** é prevista na Constituição Federal, o conjunto de leis fundamentais que regem a vida dos brasileiros. Todos os cidadãos brasileiros têm o direito de expressar suas ideias e opiniões sem sofrer nenhum tipo de censura ou controle.

No entanto, embora seja garantido por lei, por vezes, esse direito é violado. É comum, por exemplo, em todo o mundo ocorrerem manifestações com o objetivo de censurar a exibição de criações artísticas. Tais manifestações podem ocorrer por motivos religiosos, políticos, morais etc.

No Brasil, a censura à produção artística ocorreu de maneira mais evidente em alguns momentos da história. Durante o Estado Novo (governo ditatorial de Getúlio Vargas, que se estendeu de 1937 a 1945), por exemplo, produções artísticas de diferentes linguagens, como o teatro, o cinema e a música, foram controladas e censuradas.

Nesse período, o órgão responsável pelo controle e pela censura das obras artísticas era o Departamento de Imprensa e Propaganda (DIP). Na década de 1930, as letras de samba – que na época já era o estilo musical mais popular do Brasil –, faziam referência à boemia, exaltando o "malandro" (palavra usada na época para designar uma pessoa que não trabalhava, que só queria saber de diversão). Após a fundação do DIP, essas letras passaram a ser censuradas, visto que o desejo oficial era de que os sambas exaltassem o trabalho e criticassem a vida boêmia.

Assim como ocorreu nos anos do Estado Novo, a censura, especialmente política, caracterizou outro período da história do Brasil marcado pelo autoritarismo: o Regime Militar, que se estendeu de 1964 a 1985. Esse período foi marcado pela repressão àqueles que se opunham ao governo e pela supressão de muitos direitos constitucionais.

Dialogando com História

ACERVO ICONOGRAPHIA/REMINISCÊNCIAS

O cantor e compositor Ataulfo Alves (1909-1969) foi um dos músicos que tiveram suas obras censuradas durante o Estado Novo. Na foto, apresentação do grupo Ataulfo Alves e suas Pastoras em 1956.

INDICAÇÕES

Para acessar

- **Guerra e Paz. Disponível em: <www.guerraepaz.org.br/#/home>. Acesso em: 7 jul. 2015.**

  Esse *site* apresenta informações sobre Candido Portinari e seus painéis *Guerra* e *Paz*, duas de suas obras mais conhecidas. Na aba "Programa educativo" é possível acessar um jogo da memória inspirado nos painéis *Guerra* e *Paz*.

- **Lori Belilove & The Isadora Duncan Dance Company. Disponível em: <www.isadoraduncan.org>. Acesso em: 7 jul. 2015.**

  A partir desse *link* é possível acessar vídeos de coreografias desenvolvidas pela companhia de dança de Isadora Duncan e fotos da dançarina. Para acessar os vídeos e as imagens, é necessário clicar sobre a aba "Media". O texto está em inglês, mas a navegação pelo *site* é fácil.

- **Grupo Margaridas. Disponível em: <https://margaridasdanca.wordpress.com/>. Acesso em: 7 jul. 2015.**

  Nesse *site* é possível obter informações sobre a história e as criações do grupo Margaridas Dança. É possível conhecer, por exemplo, as videodanças criadas pelo grupo.

- **Projeto Portinari. Disponível em: <www.portinari.org.br>. Acesso em: 7 jul. 2015.**

  O *site* reúne mais de 5 mil pinturas de Candido Portinari e traz informações sobre a vida do artista. Na aba "Arte e educação" é possível acessar diversos materiais didáticos que abordam o trabalho desenvolvido pelo pintor.

Para acessar e visitar

- **Museu Afro Brasil – Biblioteca Carolina Maria de Jesus**

  Endereço virtual: <www.museuafrobrasil.org.br/o-museu/biblioteca-carolina-maria-de-jesus>. Acesso em: 7 jul. 2015.
  Endereço físico: Avenida Pedro Álvares Cabral, Parque do Ibirapuera, portão 10. Ibirapuera. CEP: 04094-050. São Paulo (SP).
  Parte integrante do Museu Afro Brasil, a Biblioteca Carolina Maria de Jesus apresenta em seu acervo materiais sobre a escravidão e a abolição da escravatura em países da América. No *link*, é possível baixar obras raras relacionadas a esses temas.

- **Museu Casa de Portinari**

  Endereço virtual: <http://museucasadeportinari.org.br>. Acesso em: 7 jul. 2015.
  Endereço físico: Praça Candido Portinari, 298. CEP: 14340-000. Brodowski (SP).

  O museu está instalado na casa onde viveu Candido Portinari. Além de pinturas do artista, o museu reúne utensílios e mobiliários que pertenceram à família dele. No *site*, é possível fazer uma visita virtual à instituição.

Para ler

- ***Portinari, pintor social*, de Annateresa Fabris. São Paulo: Perspectiva, 1990.**

  Esse livro propõe uma discussão sobre a pintura moderna no Brasil, destacando o papel desempenhado por Candido Portinari. O livro também ressalta o posicionamento político do artista e como tal relação influenciou sua obra.

REPRODUÇÃO

- ***Quarto de despejo*: diário de uma favelada, de Carolina Maria de Jesus. São Paulo: Ática, 2007. (Sinal aberto)**

  Com base no diário de Carolina Maria de Jesus, o livro mostra a difícil vida das pessoas que vivem em comunidades carentes.

REPRODUÇÃO

UNIDADE

7 CANÇÕES QUE FALAM DO BRASIL

Ao longo dos anos, muitos artistas compuseram e interpretaram canções que tinham o Brasil como tema principal. Tal qual as pinturas de artistas como Tarsila do Amaral e Candido Portinari, que conhecemos nas Unidades anteriores, essas composições, muitas vezes, retratam aspectos políticos, sociais e econômicos da época em que foram produzidas e, desse modo, revelam um país que muitos brasileiros não conhecem. Uma dessas canções é "Brasil", que se tornou sucesso no final da década de 1980 na voz de Agenor de Miranda Araújo Neto (1958-1990), o Cazuza.

Começando a Unidade

1. O que você sabe a respeito de Cazuza? Você já ouviu a canção "Brasil"?
2. Você conhece outras músicas que têm o Brasil como tema?

O cantor e compositor Cazuza em apresentação no Rio de Janeiro (RJ), 1985.

RICARDO LEONI/AGÊNCIA O GLOBO

TEMA

1 Música e cidadania

Na década de 1980, muitas bandas nacionais usaram suas canções para falar do Brasil.

A obra de Cazuza

Entre as mais conhecidas canções que retratam o Brasil, destaca-se "Brasil", música mencionada na abertura desta Unidade. Essa canção foi lançada por Cazuza em 1988.

Nascido no Rio de Janeiro (RJ), o cantor e compositor Cazuza foi vocalista do Barão Vermelho, banda criada em 1981 e que se tornou um dos mais importantes conjuntos musicais surgidos no Brasil nesse período. Cazuza passou a fazer parte do Barão Vermelho em 1982, quando a banda gravou seu primeiro disco, e permaneceu até 1985, quando decidiu seguir carreira solo. Atualmente, a banda Barão Vermelho é composta do vocalista e guitarrista Roberto Frejat (1962-), do guitarrista Fernando Magalhães (1964-), do baixista Rodrigo Santos (1964-), do baterista Guto Goffi (1962-) e do percussionista Peninha (1960-).

REPRODUÇÃO

Capa de LP da banda Barão Vermelho lançado em 1982.

Além de vocalista, Cazuza foi, ao lado de Roberto Frejat, compositor de muitas das músicas gravadas pelo Barão Vermelho. As canções "Bete Balanço" e "Maior abandonado", por exemplo, dois dos maiores sucessos da banda, são de autoria da dupla. Mesmo após deixar o Barão Vermelho, Cazuza manteve sua parceria musical com Frejat, coautor de muitas canções gravadas por Cazuza em seus discos solo.

Além de "Brasil", outras canções de sucesso gravadas por Cazuza em carreira solo foram "Codinome Beija-flor", "Ideologia", "O tempo não para" e "Faz parte do meu *show*".

Letrista, compositor e intérprete

Chamamos **letristas** os autores de letras de canções, e **compositores**, os autores de músicas instrumentais. Há ainda o **intérprete**, ou seja, aquele que executa a canção. As canções de autoria de Cazuza, em geral, foram feitas em parceria com um ou mais músicos. Cazuza, nesse caso, escrevia os textos que acompanhavam as músicas compostas por outros músicos, como Frejat.

"Brasil! Mostra tua cara"

Dialogando com História

Como vimos na página anterior, a música "Brasil" foi lançada por Cazuza em 1988. Nessa época, após anos de ditadura, o Brasil passava por um processo de redemocratização, ou seja, período em que foram restituídos os direitos de cidadania.

A canção "Brasil" foi lançada no auge da redemocratização, quando foi promulgada a Constituição de 1988, que ficou conhecida como a "Constituição cidadã". Esse panorama político e social vivido pelos brasileiros após mais de 20 anos de Regime Militar está presente na letra de "Brasil". Leia a seguir a letra dessa canção e ouça uma regravação na faixa 13 do CD.

Brasil

"Não me convidaram
Pra esta festa pobre
Que os homens armaram
Pra me convencer
A pagar sem ver
Toda essa droga
Que já vem malhada
Antes de eu nascer...

Não me ofereceram
Nem um cigarro
Fiquei na porta
Estacionando os carros
Não me elegeram
Chefe de nada
O meu cartão de crédito
É uma navalha...

Brasil!
Mostra tua cara
Quero ver quem paga
Pra gente ficar assim
Brasil!
Qual é o teu negócio?
O nome do teu sócio?
Confia em mim... (Refrão)

Não me convidaram
Pra esta festa pobre
Que os homens armaram
Pra me convencer
A pagar sem ver
Toda essa droga
Que já vem malhada
Antes de eu nascer...

Não me sortearam
A garota do Fantástico
Não me subornaram
Será que é o meu fim?
Ver TV a cores
Na taba de um índio
Programada
Pra só dizer 'sim, sim'

Refrão

Grande pátria
Desimportante
Em nenhum instante
Eu vou te trair
Não, não vou te trair...

Refrão (2x)
Confia em mim...
Brasil!"

CAZUZA; ISRAEL, George; ROMERO, Nilo. Brasil. Em: Cazuza. *Ideologia*. Rio de Janeiro: PolyGram, 1988. Faixa 6.

Atividade

- **Qual seria a intenção dos autores** ao usar a expressão *Brasil! Mostra tua cara* no refrão da música "Brasil"?

____

____

____

Atividade prática

- Forme um grupo com quatro colegas e escrevam uma **paródia da música "Brasil"** para retratar um aspecto do Brasil atual. Para isso, vocês devem substituir a letra original pela letra escrita pelo grupo. Para os ensaios e para a apresentação, utilizem a versão instrumental da música que se encontra na faixa 14 do CD. Ensaiem a música e, no dia agendado pelo professor, apresentem-na aos colegas de classe.

O *rock* no Brasil

O ***rock*** é um estilo musical que surgiu na década de 1960 e que se caracteriza pela presença do canto, de instrumentos musicais amplificados, como a guitarra elétrica, do acompanhamento rítmico feito por bateria e baixo e de um teclado. Outras características do *rock* são o ritmo forte que convida à dança e a proximidade com o público jovem. O ***rock*** originou-se do ***rock and roll***, estilo desenvolvido nos Estados Unidos em meados da década de 1950.

No Brasil, o *rock* ganhou força na década de 1960 com a **Jovem Guarda**, movimento musical que surgiu a partir da influência de tendências musicais estrangeiras, como a sonoridade do *rock* e o uso da guitarra elétrica. Ainda no final da década de 1960, o som do *rock* influenciou a produção dos integrantes do **Tropicalismo**, movimento que se caracterizou pela fusão de diferentes estilos musicais. Entre os artistas influenciados pelo movimento tropicalista está Rita Lee (1947-), considerada uma das primeiras roqueiras do Brasil.

Na década de 1980, o *rock* nacional começou a se consolidar com o surgimento de bandas como Barão Vermelho, Titãs, Legião Urbana e Os Paralamas do Sucesso. Reunindo elementos do *rock* tradicional e outros estilos, como o *reggae* e o *punk*, essas bandas deram origem ao chamado ***pop-rock***.

Atividade prática

- Ouça, novamente, a canção "Brasil" na faixa 13 do CD e responda: que elementos do *rock* podem ser percebidos nessa gravação? Comente com os colegas.

De olho na imagem

Conheça mais grupos de *rock* da década de 1980.

RICARDO SIQUEIRA/ABRIL COMUNICAÇÕES S/A

Rita Lee em *show* realizado em 1987.

RAQUEL CUNHA/FOLHAPRESS

Integrantes da banda Titãs em São Paulo (SP), 2014.

ALEXANDRE CAMPBELL/FOLHAPRESS

Integrantes da banda Os Paralamas do Sucesso no Rio de Janeiro (RJ), 2005.

TEMA 2 Música e nacionalismo

Ao longo dos anos, o Brasil tem sido tema de músicas dos mais variados estilos.

Villa-Lobos

Quando pensamos em músicas que retratam o Brasil, logo nos lembramos de canções populares. Entretanto, dois compositores dedicaram-se à música erudita e produziram obras de caráter nacionalista: Carlos Gomes – que, como vimos na Unidade 3, produziu peças como *O Guarani* e *O escravo* – e Heitor Villa-Lobos (1887-1959), considerado um dos mais importantes compositores eruditos da música brasileira.

Nascido no Rio de Janeiro, Villa-Lobos teve o pai como seu primeiro professor de música. Também foi na infância que, graças a uma tia, Villa-Lobos conheceu a obra do músico alemão Johann Sebastian Bach (1685-1750), um dos artistas que mais influenciaram sua obra.

Durante os primeiros anos do século XX, Villa-Lobos viajou pelo Brasil e manteve contato com diferentes estilos musicais regionais. Essas viagens influenciaram definitivamente suas produções e, a partir daí, o compositor incorporou elementos do folclore, sons da natureza e influências da música popular à sua obra.

Em 1922, Villa-Lobos participou da Semana de Arte Moderna. Nos três espetáculos de que participou, o artista apresentou diversas obras, entre as quais merece destaque a ópera *Danças características africanas*.

Durante a década de 1920, Villa-Lobos teve duas passagens pela Europa. Nesse período, tornou-se conhecido e ganhou prestígio internacional que o acompanhou durante toda sua carreira. Ainda hoje, ele é um dos artistas brasileiros mais conhecidos no exterior.

Anúncio da apresentação de Villa-Lobos na Semana de Arte Moderna, em 1922.

— THEATRO MUNICIPAL —

AMANHAN — 17 DE FEVEREIRO

3.o e ultimo grande festival da

Semana de ARTE MODERNA

com o concurso de

VILLA-LOBOS

No saguão do theatro, exposição de pintura e esculptura.

Preços — Cadeiras 5$300

Bilhetes á venda no Theatro Municipal

MUSEU VILLA-LOBOS, RIO DE JANEIRO

A brasilidade de Villa-Lobos

No trecho a seguir, Villa-Lobos fala a respeito de sua relação com o Brasil. Leia.

"Sim, sou brasileiro e bem brasileiro. Na minha música eu deixo cantar os rios e os mares deste grande Brasil. Eu não ponho mordaça na exuberância tropical de nossas florestas e dos nossos céus, que eu transponho instintivamente para tudo que escrevo."

VILLA-LOBOS, Heitor. Disponível em: <www.museuvillalobos.org.br/villalob/musica/index.htm>. Acesso em: 7 jul. 2015.

Heitor Villa-Lobos durante apresentação na década de 1950.

Os *Choros* e as *Bachianas brasileiras*

Entre as composições de Villa-Lobos merecem destaque a série *Choros*, produzida entre 1920 e 1929, e *Bachianas brasileiras*, compostas entre 1930 e 1945.

Formada por 12 composições, a série *Choros* revela a ligação de Villa-Lobos com o **choro**, estilo musical que surgiu no Rio de Janeiro no final do século XIX. Nessa série, Villa-Lobos produz peças para violão e piano, instrumentos característicos de sua produção. "Choros nº 5", à qual Villa-Lobos deu o subtítulo de "Alma brasileira", é uma composição para piano e se tornou uma das obras mais conhecidas do músico. Ouça um trecho dessa música na faixa 15 do CD.

Bachianas brasileiras é um conjunto de nove composições. Nesse conjunto, Villa-Lobos revelou sua postura antropofágica, pois, para criá-lo, o músico brasileiro "alimentou-se" da produção do alemão Johann Sebastian Bach e a ela incorporou elementos da cultura e do folclore nacionais. Uma das obras mais conhecidas e gravadas de Villa-Lobos é o último movimento de *Bachianas brasileiras nº 2*, conhecida como "O trenzinho do caipira".

O maestro Heitor Villa-Lobos é figura central na história da educação musical no Brasil. Ele foi o responsável, na década de 1930, pela implantação do **Plano de Educação Musical**.

A proposta de ensino de Villa-Lobos tinha como base o **canto coral**, ou seja, a prática coletiva de canto. Segundo o músico, antes de aprender teoria, os alunos deveriam ter noções de som, ritmo e timbre, o que seria adquirido por meio da prática do canto coletivo.

De olho no vídeo

Coral do Mar, Movimento Tamarear.

Atividade

- **Ouça na faixa 16 do CD uma apresentação de canto coral. Depois, responda:** O que mais chamou sua atenção na música? É possível diferenciar a voz dos cantores? Comente com os colegas.

Atividade prática

- **Reúna-se com os colegas da classe para participar de uma atividade de canto coletivo. Para isso, siga as instruções a seguir.**

1. De acordo com as orientações do professor, fique em pé, em silêncio. Pressione, com os dedos indicador e médio de uma das mãos, o local de seu pescoço onde fica a artéria carótida e sinta as batidas de seu coração durante um minuto.

2. Depois, caminhe pela sala seguindo o ritmo da pulsação de seu coração. O ritmo da caminhada de alguns colegas pode ser diferente do seu.

3. Quando o professor solicitar, vá caminhando para o centro da sala e junte-se aos colegas em uma roda.

4. Quando todos os alunos estiverem na roda, o professor criará ritmos que você e seus colegas deverão acompanhar batendo palmas ou estalando os dedos. Lembre-se de respirar com tranquilidade.

5. Em seguida, o professor fará um som com a boca que deverá ser imitado por todos os integrantes da roda. Depois, cada aluno poderá sugerir um som diferente para ser imitado pelo grupo.

6. Para finalizar a atividade, você e seus colegas deverão escolher uma canção que todos (ou quase todos) conheçam para cantar juntos em roda, marcando o ritmo com os pés ou com palmas. Lembre-se de respirar com tranquilidade e de deixar seus braços soltos ao lado do corpo durante a execução da canção. Ouça a voz de seus colegas enquanto canta e procure perceber quem tem a voz mais grave ou a mais aguda. Depois que a música acabar, converse com os colegas sobre a experiência de cantar juntos.

Uma exaltação ao Brasil

Estudamos na Unidade anterior que, durante o Estado Novo, o órgão responsável pelo controle e pela censura das obras artísticas passou a pressionar os músicos para que deixassem de produzir sambas que exaltassem a figura do boêmio, do malandro, determinando que os sambas deveriam exaltar o governo e o trabalho. Nesse contexto, ganhou força no Brasil o **samba-exaltação**, estilo musical que se caracteriza pelo caráter patriótico e por sempre abordar temas nacionalistas.

Um dos sambas-exaltação de destaque nesse período foi "Aquarela do Brasil", de Ary Barroso (1903-1964), artista brasileiro que se destacou como compositor, pianista, locutor e apresentador.

Leia a seguir a letra dessa canção e ouça a regravação na faixa 17 do CD.

Aquarela do Brasil

"Brasil!
Meu Brasil brasileiro
Meu mulato inzoneiro
Vou cantar-te nos meus versos
O Brasil, samba que dá
Bamboleio, que faz gingar
Ô Brasil, do meu amor
Terra de Nosso Senhor
Brasil! Brasil!
Pra mim... Pra mim...

Ah, abre a cortina do passado
Tira a mãe preta do cerrado
Bota o rei congo no congado
Brasil! Brasil!
Pra mim... Pra mim...

Deixa... cantar de novo o trovador
A merencória luz da lua
Toda a canção do meu amor
Quero ver 'essa dona' caminhando
Pelos salões arrastando
O seu vestido rendado
Brasil! Brasil!
Pra mim... Pra mim...

Brasil!
Terra boa e gostosa
Da morena sestrosa
De olhar indiscreto
O Brasil, samba que dá
Bamboleio, que faz gingar
O Brasil do meu amor
Terra de Nosso Senhor
Brasil! Brasil!
Pra mim... Pra mim...
[...]

BARROSO, Ary. Aquarela do Brasil. Em: ALVES, Francisco. *Nossa homenagem – Ary Barroso 100 anos*. Curitiba: Revivendo, 2003. Volume 1. Faixa 23.

GLOSSÁRIO

Inzoneiro: manhoso.
Merencório: triste.
Sestroso: esperto, vivo.

Atividades

1. Em sua opinião, por que o autor Ary Barroso teria escolhido o título "Aquarela do Brasil" para a canção?

____

____

2. Por que "Aquarela do Brasil" se enquadra no estilo samba-exaltação?

____

____

3. Muitos críticos consideram essa canção de Ary Barroso ufanista. Você concorda com essa afirmação?

____

____

____

Atividade prática

- Ouça, novamente, a faixa 17 do CD e tente identificar os instrumentos musicais utilizados na gravação. Comente suas impressões com os colegas.

AGÊNCIA NACIONAL/ARQUIVO NACIONAL, RIO DE JANEIRO

Getúlio Vargas fala ao microfone no programa *A hora do Brasil*, em 1954.

O rádio e a política

Entre as décadas de 1930 e 1950, o rádio foi um importante instrumento de propaganda política utilizado por Getúlio Vargas. O então presidente do Brasil usou esse veículo de comunicação para divulgar a política adotada por seu governo.

Um dos meios de difundir a propaganda do Estado Novo foi a criação, em 1938, do programa *A hora do Brasil*. Sua transmissão era obrigatória, e sua principal finalidade era enaltecer e divulgar os atos presidenciais. Em 1962, o programa passou a intitular-se *A voz do Brasil* e ainda hoje é transmitido para todo o país. Como vimos na Unidade 3, alguns acordes da ópera *O Guarani*, de Carlos Gomes (1836-1896), são reproduzidos na abertura do programa.

Para saber mais

O rádio na Era Vargas.

A era do rádio

Durante muitos anos o rádio foi o veículo de comunicação mais popular do Brasil e ajudou a difundir sons e valores no país. A radiodifusão iniciou-se no país na década de 1920. No início, havia poucos aparelhos de transmissão. Assim, era comum vizinhos se reunirem para ouvir seus programas preferidos.

Na década seguinte, com a queda nos preços do aparelho, o rádio popularizou-se e foram criados programas dos mais diversos estilos, como os humorísticos, as radionovelas, os esportivos e os de auditório. Uma das atrações do rádio eram as cantoras, que, com seu talento e carisma, conquistavam o público. Intérpretes como Carmem Miranda (1909-1955), Aracy de Almeida (1914-1988), Isaurinha Garcia (1923-1993), Linda Batista (1919-1988) e Emilinha Borba (1923-2005) fizeram sucesso durante os "anos de ouro" do rádio no Brasil.

A hegemonia do rádio permaneceu até a década de 1950, quando a televisão chegou ao Brasil.

FOLHAPRESS

Emilinha Borba durante apresentação na Rádio Nacional, em São Paulo (SP), 1952.

De olho na imagem

Conheça mais imagens da era do rádio.

"Querelas do Brasil"

Na década de 1970, quando o Brasil ainda passava pelos anos do Regime Militar, os músicos Maurício Tapajós (1943-1995) e Aldir Blanc (1946-) compuseram a música "Querelas do Brasil". Essa canção fazia uma clara alusão à obra "Aquarela do Brasil", de Ary Barroso. A música "Querelas do Brasil" foi gravada em 1978 por Elis Regina (1945-1982), considerada uma das maiores cantoras brasileiras de todos os tempos.

Leia a seguir a letra dessa canção.

Querelas do Brasil

"O Brazil não conhece o Brasil
O Brasil nunca foi ao Brazil

Tapir, jabuti
Iliana, alamandra, ali, alaúde
Piau, ururau, aki, ataúde
Piá-carioca, porecramecrã
Jobim, akarone jobim-açu
Uou, Uou, Uou

Pererê, camará, tororó, olerê
Piriri, ratatá, caratê, olará (2x)

O Brazil não merece o Brasil
O Brazil tá matando o Brasil

Jereba, saci
Caandrades, cunhãs, ariranha, aranha
Sertões, guimarães, bachianas, águas
Imarionaíma, arirariboia
Na aura das mãos de jobim-açu
Uou, Uou, Uou

Jererê, sarará, cururu, olerê
Bla-bla-blá, bafafá, sururu, olará (2x)

Do Brasil, SOS ao Brasil (3x)

Tinhorão, urutu, sucuri
Ujobim, sabiá, bem-te-vi
Cabuçu, Cordovil, Cachambi, olerê
Madureira, Olaria e Bangu, olará
Cascadura, Água Santa, Acari, olerê
Ipanema e Nova Iguaçu, olará

Do Brasil, SOS ao Brasil" (3x)

TAPAJÓS, Maurício; BLANC, Aldir. Querelas do Brasil. Em: REGINA, Elis. *Transversal do tempo.* São Paulo: Universal, 1978. Faixa 9.

AMICUCCI GALLO

Elis Regina em *show* no Rio de Janeiro (RJ), 1980.

Atividades

1. **Qual é o significado do título "Querelas do Brasil"? Se for preciso, consulte um dicionário.**

---

2. **Por que os autores utilizaram Brasil, com s, e Brazil, com z?**

---

3. **Que personalidades brasileiras são citadas na letra da canção?**

---

4. **Por que os autores incluíram palavras de origem indígena na letra dessa canção?**

Hino Nacional: um dos símbolos oficiais do Brasil

Desde 2009, tornou-se obrigatória a execução do Hino Nacional Brasileiro em estabelecimentos de ensino públicos e privados do Brasil, ao menos uma vez por semana.

Chamamos **hino** às canções criadas com a finalidade de exaltar uma pessoa, uma instituição, uma nação, um acontecimento etc. Assim, existem, por exemplo, os hinos religiosos e os hinos dos times de futebol.

O Hino Nacional Brasileiro, como o conhecemos atualmente, tornou-se um dos símbolos oficiais do Brasil em 1922, às vésperas do centenário da Proclamação da Independência.

A música do hino foi composta ainda na primeira metade do século XIX pelo maestro Francisco Manuel da Silva (1795-1865). A letra, entretanto, foi escrita anos mais tarde por Joaquim Osório Duque Estrada (1870-1927).

Segundo a Constituição, além do Hino Nacional, são símbolos oficiais do Brasil a Bandeira Nacional, o Brasão da República e o Selo Nacional.

RACHEL GUEDES/PULSAR IMAGENS

Partitura do Hino Nacional Brasileiro.

Questão

- Forme uma dupla e **discutam a seguinte questão**: é correta a obrigatoriedade da execução do Hino Nacional Brasileiro em escolas públicas e privadas pelo menos uma vez por semana? No momento oportuno, compartilhem os resultados da discussão com os outros colegas.

INDICAÇÕES

Para acessar

- **A linha do tempo do *rock* no Brasil.**
  Disponível em:
  <http://infograficos.oglobo.globo.com/cultura/a-linha-do-tempo-do-rock-no-brasil.html>.
  Acesso em: 7 jul. 2015.

O *site* traz uma breve linha do tempo com os principais representantes do *rock* brasileiro, desde os anos 1960 até a atualidade. A página cita, por exemplo, a Jovem Guarda e as bandas de *rock* surgidas na década de 1980.

- **Ary Barroso – "Aquarela do Brasil".**
  Disponível em:
  <http://arybarroso.com.br/sec_musica_letra_obra.php?language=pt_BR&id=43>.
  Acesso em: 7 jul. 2015.

A partir desse *link* é possível ouvir gravações originais da música "Aquarela do Brasil". O *link* também dá acesso à letra completa da canção.

- **Cazuza – *site* oficial.**
  Disponível em:
  <http://cazuza.com.br>.
  Acesso em: 7 jul. 2015.

Nesse endereço, é possível obter informações sobra a vida e a obra de Cazuza. No *site* ainda é possível ler depoimentos dados pelo músico ao longo de sua carreira.

- **Estilos do *rock*.**
  Disponível em:
  <www.abril.com.br/dia-mundial-rock/estilos>.
  Acesso em: 7 jul. 2015.

Esse *site* apresenta um infográfico com explicações e demonstrações dos diferentes estilos de *rock*, como o *punk* e o *grunge*.

- **Pelo repertório: Querelas do Brasil.**
  Disponível em:
  <www.maria-rita.com/blog/index.php/pelo-repertorio-querelas-do-brasil>.
  Acesso em: 7 jul. 2015.

No *site* oficial da cantora Maria Rita está disponível um vídeo com uma apresentação de Elis Regina, sua mãe, interpretando a canção "Querelas do Brasil", apresentada nesta Unidade.

Para acessar e visitar

- **Museu Villa-Lobos**
  Endereço virtual: <http://www.museuvillalobos.org.br/index.htm>. Acesso em: 7 jul. 2015.
  Endereço físico: Rua Sorocaba, 200, Botafogo. CEP: 22271-110. Rio de Janeiro (RJ).

O Museu Villa-Lobos tem em seu acervo partituras, fotografias, registros audiovisuais e outros documentos relacionados à vida e à obra de Villa-Lobos. No *site* é possível ouvir trechos de algumas obras do músico brasileiro.

Para ler

- ***Ary Barroso*, de Luís Pimentel.**
  São Paulo: Moderna, 2008.
  (Mestres da Música no Brasil)

Nesse livro, o autor apresenta aspectos fundamentais da vida e da obra de Ary Barroso, destacando as principais composições e apresentando fotos e ilustrações do artista.

REPRODUÇÃO

Para ouvir

- ***Melhores momentos – Cazuza & Barão Vermelho*. Som Livre. 1995.**

Esse CD reúne grandes sucessos da parceria mais do que conhecida de Cazuza e Barão Vermelho. Entre eles estão "Pro dia nascer feliz", "Bete Balanço" e "Codinome Beija-Flor".

REPRODUÇÃO

UNIDADE

8 O ARTISTA POPULAR E SUA OBRA

Em todo o Brasil, diversos artistas aprendem seu ofício ao observar o trabalho de artistas mais velhos, seus "mestres". Classificada como popular, a arte produzida por muitos desses artistas revela a representação simples e autêntica da maneira como eles enxergam o mundo a seu redor. A fotografia reproduzida nesta abertura é de uma apresentação de teatro de bonecos, uma das expressões mais características da arte popular no Brasil.

KARLA VIDAL

Apresentação de teatro de bonecos em Caruaru (PE), 2012.

Começando a Unidade

1. Descreva a imagem reproduzida nesta abertura.
2. Você já assistiu a uma apresentação de teatro de bonecos? Em caso afirmativo, comente com os colegas como foi essa experiência.
3. Você sabe como são confeccionados os bonecos e os cenários utilizados no teatro de bonecos?

TEMA

1 O mamulengo

O teatro de bonecos é praticado em todo o mundo.

O teatro de bonecos no Nordeste

No **teatro de bonecos**, a encenação é feita por meio da manipulação de bonecos com o uso de técnicas variadas. No Brasil, essa prática foi introduzida por portugueses e espanhóis durante o período colonial.

Um dos teatros de bonecos mais tradicionais da cultura brasileira é o **mamulengo**, originário de Pernambuco. O nome *mamulengo* deriva da expressão "mão molenga", que se refere às mãos ágeis dos manipuladores dos bonecos.

Os espetáculos são apresentados em pequenos palcos revestidos de tecidos, atrás dos quais ficam os mestres, que movimentam os bonecos e lhes dão voz. As falas são improvisadas e os temas referem-se ao cotidiano.

As apresentações de mamulengo combinam elementos de diferentes linguagens artísticas. As artes visuais aparecem nas formas e nas cores dos bonecos. A música é parte integrante do espetáculo e serve como comentário das ações do palco para o público. São utilizados diversos instrumentos musicais, como a sanfona, o zabumba e o triângulo. A dança, combinada com os ritmos nordestinos do baião, do forró e do xaxado, embala principalmente os intervalos e as cenas de briga.

ISABELLA VALLE/JC IMAGEM

Apresentação de teatro de bonecos em Recife (PE), 2009.

O papel machê

No teatro de mamulengos, os bonecos podem ser feitos de diferentes materiais, como madeira, argila, massa de modelar, embalagens de papel, caixas de papelão e garrafas plásticas. No entanto, o mais comum é a utilização de uma massa de papel conhecida como **papel machê**. Veja a seguir os materiais e os procedimentos necessários para a produção de papel machê.

Materiais

- Dois rolos de papel higiênico macio
- Água
- Bacia ou balde
- Peneira
- Meio quilo de cola branca

Procedimentos

1. Coloque os rolos de papel higiênico, sem o cilindro interno de papelão, em uma bacia (ou balde) e adicione água.

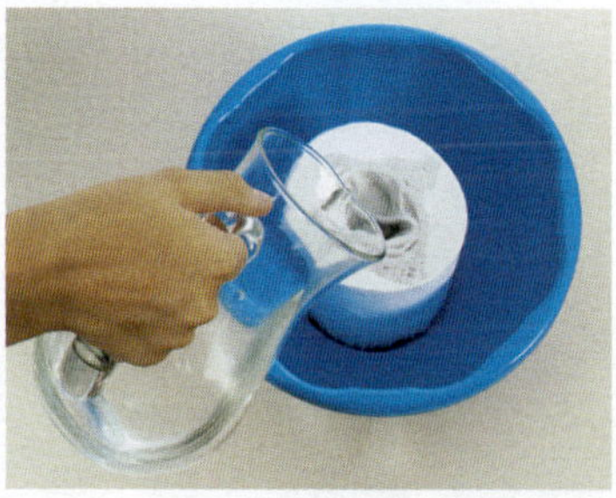

2. Esfarele o papel até que fique bem dissolvido.

3. Retire o excesso de água com a ajuda de uma peneira. É importante que o papel seja bem coado.

4. Aperte entre as mãos pequenas quantidades de papel para facilitar a eliminação da água.

5. Esfarele o papel com as mãos até conseguir "grãos" suaves.

6. Adicione cola aos poucos até que a massa fique úmida e com consistência parecida com a da massa de modelar.

7. Sua massa de papel está pronta.

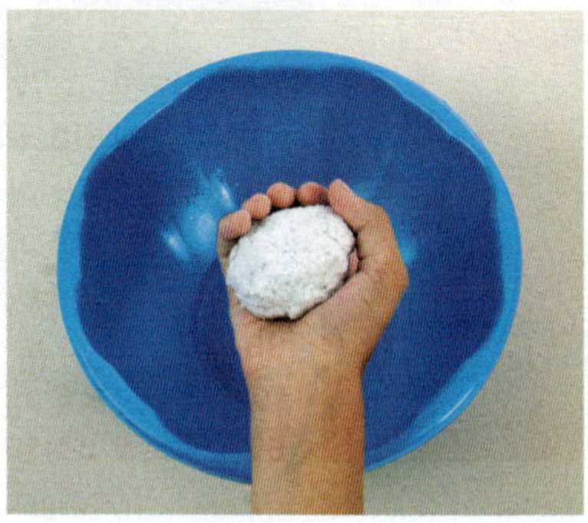

FOTOS: DOTTA2

Atividade prática

- **O teatro, com atores ou com bonecos, é sempre uma atividade coletiva, ou seja, todos os integrantes do grupo participam do trabalho. Seguindo as orientações do professor, reúna-se com os colegas da classe para produzir uma apresentação de mamulengos. Combinem as funções que cada um vai exercer. Para fazer essa atividade coletiva, sigam os procedimentos abaixo.**

Procedimentos

1. Decidam como serão os bonecos. Pensem nas características físicas e na personalidade deles. Escolham um nome para eles.
2. Criem um roteiro para a encenação. Considerem que as ações do espetáculo devem ser rápidas, com diálogos curtos. Os bonecos devem provocar riso, e a história precisa ser bem animada. Lembrem-se de dar título à história criada.
3. Confeccionem os bonecos com papel machê. Para produzi-lo, sigam os passos descritos na página anterior.
4. Produzam os cenários com caixas de papelão pintadas com tinta guache e pedaços de tecido.
5. No dia combinado, façam a apresentação. Vocês devem representar a fala dos bonecos e manipulá-los, dando-lhes vida e magia. Bom espetáculo!
6. Após a apresentação, façam um registro no caderno dos aspectos positivos e das dificuldades encontradas na realização desta atividade. Compartilhem esse registro no dia agendado pelo professor.

KARLA VIDAL

Apresentação de teatro de bonecos em Caruaru (PE), 2012.

O teatro de animação

As encenações com mamulengos são um tipo de **teatro de animação** ou **teatro de formas animadas**. Nesse gênero teatral, os atores usam formas inanimadas, como bonecos, objetos e até mesmo sombras, e lhes dão vida por meio da manipulação. No teatro de animação, o responsável pela manipulação é chamado de **ator-manipulador** ou **ator-animador**.

LUIZ COSTA/HOJE EM DIA/FUTURA PRESS

Apresentação de teatro de fantoches em Belo Horizonte (MG), 2008.

Existem diferentes técnicas de manipulação no teatro de animação. Uma das mais conhecidas e tradicionais é a realizada com **fantoches**, bonecos feitos de tecido e vestidos nas mãos do ator-manipulador. Nesse tipo de apresentação, o ator-animador fica escondido do público e usa as mãos para criar os movimentos dos bonecos.

No teatro de animação também podem ser utilizadas as **marionetes**, bonecos feitos com várias articulações, controladas por fios presos a diversas partes do corpo do boneco, como os braços e as pernas. Os fios ficam presos a um mecanismo em forma de cruz. Essa técnica possibilita movimentos muito parecidos com os movimentos humanos.

Há exemplos de teatro de animação em que o ator-animador não fica escondido. Na apresentação retratada na foto abaixo, à direita, por exemplo, os atores-animadores atuam de frente para o público, mas, como estão vestidos de preto, mantêm-se quase invisíveis.

De olho na imagem

Conheça mais imagens de teatro de animação.

BILDAGENTUR-ONLINE/MCPHOTO-LOVELL/ALAMY/GLOW IMAGES

Apresentação de marionetes em Mandalay, Mianmar, 2012.

GUALTER NAVES

Apresentação de teatro de bonecos do Grupo Giramundo, Belo Horizonte (MG), 2012.

TEMA

2 Arte e tradição

Diversos artistas populares criam obras em que representam as características, os hábitos e as tradições do lugar onde vivem.

Uma arte figurativa

As esculturas mostradas nesta página foram produzidas por Manuel Eudócio Rodrigues (1931-), artista popular de Pernambuco. Em suas obras, ele aborda diferentes aspectos da vida e do cotidiano de homens e mulheres nordestinos.

A produção de Manuel Eudócio é classificada como **arte figurativa**, pois se caracteriza pela representação de formas reconhecíveis por quem as observa. Para criar essas obras, Manuel Eudócio observa cenas do cotidiano, modela-as em argila e as cozinha em um forno a lenha. Posteriormente, o artista pinta as peças com tinta a óleo.

Como você pode observar nas obras reproduzidas a seguir, para representar o universo à sua volta, Manuel Eudócio produz "conjuntos" ou "grupos". Provavelmente, essa característica de sua obra foi herdada de Vitalino Pereira dos Santos (1909-1963), o Mestre Vitalino, de quem o artista foi discípulo.

MARCO ANTÔNIO SÁ/PULSAR IMAGENS

Manuel Eudócio modelando uma peça de argila. Caruaru (PE), 2012.

MARCO ANTÔNIO SÁ/PULSAR IMAGENS

Esculturas de argila produzidas por Manuel Eudócio Rodrigues, Caruaru (PE), 2012.

Atividade

- **Que festa popular inspirou Manuel Eudócio a produzir as esculturas acima? O que você sabe sobre essa festa?**

____

____

____

____

A arte de Mestre Vitalino

Mestre Vitalino é um dos mais reconhecidos artistas populares do Brasil. Nascido em uma pequena comunidade nos arredores de Caruaru, em Pernambuco, Mestre Vitalino dedicou a vida à produção de esculturas em que representava o cotidiano dos homens e das mulheres do sertão.

Vitalino Pereira dos Santos era filho de lavradores. Desde cedo, ele demonstrou seu talento para a arte escultórica. Ainda criança, produziu suas primeiras peças com sobras de barro, a matéria-prima utilizada por sua mãe para confeccionar utensílios domésticos que vendia na Feira de Caruaru. A obra de Mestre Vitalino manteve-se praticamente desconhecida até 1947, quando o artista plástico Augusto Rodrigues (1913-1993) o convidou para apresentar suas peças em uma exposição de arte popular pernambucana no Rio de Janeiro (RJ). Desde esse evento, o artista tornou-se conhecido nacional e internacionalmente.

Entre as décadas de 1940 e 1950, com o objetivo de ficar mais próximo da Feira de Caruaru, onde vendia suas obras, Mestre Vitalino mudou-se para Alto do Moura, bairro localizado a poucos quilômetros do centro da cidade de Caruaru.

Atualmente, o imóvel onde Mestre Vitalino viveu, em Alto do Moura, abriga a Casa-Museu Mestre Vitalino, instituição que reúne obras, ferramentas e objetos de uso pessoal do artista.

JESUS CARLOS/ESTADÃO CONTEÚDO

Fachada da Casa-Museu Mestre Vitalino, em Caruaru (PE), 2013.

Feira de Caruaru: um patrimônio cultural brasileiro

A Feira de Caruaru é um grande mercado ao ar livre onde são comercializados diferentes tipos de produtos. Na feira, é possível encontrar, por exemplo, alimentos tradicionais do Nordeste, vestimentas feitas de couro, cestarias, louças etc. As esculturas produzidas por artistas locais estão entre as principais atrações da feira.

Em 2006, o Instituto do Patrimônio Histórico e Artístico Nacional (Iphan) reconheceu a Feira de Caruaru como parte integrante do patrimônio cultural brasileiro. A feira está relacionada na lista dos bens imateriais, que, como vimos na Unidade 1, são aqueles que representam os saberes, os conhecimentos e os modos de fazer que, transmitidos de geração a geração, participam da formação da identidade cultural do país.

DELFIM MARTINS/PULSAR IMAGENS

Esculturas expostas na Feira de Caruaru (PE), 2013.

Um "retrato" dos retirantes

Na obra reproduzida nesta página, Zé Caboclo lançou um olhar muito especial sobre a vida dos retirantes. Note que, para representar os retirantes, Zé Caboclo produziu um conjunto que, como vimos, é uma das características marcantes da obra de Mestre Vitalino. As dificuldades enfrentadas pelos retirantes, como vimos na Unidade 6, também inspiraram criações de Candido Portinari.

A "escola" de Mestre Vitalino

De caráter figurativo, a obra de Vitalino, composta de peças de cerâmica, transformou-se em uma narrativa visual da vida no campo e nas vilas do interior pernambucano.

A obra de Vitalino influenciou vários artesãos de Alto do Moura, e ele tornou-se "mestre" de muitos escultores que aprimoraram e difundiram sua arte. Entre os discípulos de Mestre Vitalino estão Manuel Eudócio Rodrigues, que conhecemos na página 134, e José Antônio da Silva (1921-1973), conhecido como "Zé Caboclo", autor da obra reproduzida nesta página. Zé Caboclo é considerado o primeiro aluno de Mestre Vitalino. O pioneirismo de Mestre Vitalino tornou a comunidade de Alto do Moura reconhecida como polo ceramista. Ao criar suas figuras e compartilhar com os artesãos da comunidade seu processo criativo, o artista contribuiu decisivamente com a valorização das peças feitas de barro, conquistando "o olhar" dos fregueses.

Em termos estéticos, pode-se afirmar que seu estilo e a maneira como construía suas figuras nortearam o trabalho dos escultores locais. Assim, conclui-se que Mestre Vitalino criou uma "escola", ou seja, uma expressão artística que enriqueceu o imaginário criativo daquela comunidade de ceramistas.

ANIBAL SCIARRETTA - MUSEU CASA DO PONTAL, RIO DE JANEIRO

Retirantes (sem data), de Zé Caboclo. Escultura de cerâmica, 18 cm × 39 cm × 11 cm. Museu Casa do Pontal, Rio de Janeiro (RJ).

DE OLHO NA OBRA

Uma das tradições culturais mais representadas pelos escultores populares são as **bandas de pífano**, conjuntos musicais folclóricos comuns em diversas regiões do Brasil, especialmente no Nordeste. As bandas de pífano são compostas de um instrumento de sopro (o pífano) e de instrumentos de percussão. Veja os detalhes.

FABIO COLOMBINI

Escultura representando uma banda de pífanos, de autoria desconhecida. Caruaru (PE). Foto de 2009.

A Banda de Pífanos de Caruaru

Formada em 1924 por integrantes da família Biano, a Banda de Pífanos de Caruaru é um dos mais antigos grupos de música popular do Brasil. A banda atualmente é formada por descendentes dos primeiros fundadores. Ela alcançou sucesso nacional na década de 1970, quando foi descoberta pelo cantor e compositor Gilberto Gil (1942-). Ouça, na faixa 18 do CD, uma gravação original da Banda de Pífanos de Caruaru.

Detalhes da obra

1. Pífano

O **pífano**, flauta confeccionada de materiais como madeira, bambu, osso e barro, é o instrumento mais característico das bandas de pífano tradicionais do Nordeste.

2. Percussão

Um dos instrumentos de percussão que compõem as bandas de pífano é o **zabumba**, um tambor cilíndrico com membranas nas duas extremidades. Além do zabumba, outros instrumentos de percussão que podem compor as bandas de pífanos são o prato e a caixa.

A produção de cerâmica

ROMULO FIALDINI - MUSEU PARAENSE EMÍLIO GOELDI, BELÉM

Ao longo da história, a produção de peças de cerâmica – desde utensílios domésticos a peças decorativas suntuosas – faz parte do cotidiano de integrantes de diversas civilizações.

O material utilizado para a produção de cerâmica deve ser maleável e capaz de conservar as formas dadas pelo artesão após a queima (aquecimento a elevada temperatura da peça elaborada).

A modelagem a mão é a forma mais comum de trabalho com cerâmica. O artesão pode, por exemplo, colocar a matéria-prima sobre um torno de oleiro e modelá-la até que adquira a forma desejada. Também podem ser utilizados moldes para reproduzir formas que não seria possível elaborar com as mãos.

No Brasil, as peças de cerâmica são marcantes na produção indígena.

Cerâmica tapajônica, 20,5 cm × 12 cm. Museu Paraense Emílio Goeldi, Belém (PA).

De olho na imagem

Conheça mais cerâmicas indígenas.

GLOSSÁRIO

Torno: instrumento com capacidade de girar utilizado para confeccionar ou dar acabamento em peças.

Oleiro: aquele que cria, molda e dá forma ao barro.

Sovar: amassar, bater.

A produção ceramista indígena

Os indígenas retiram dos leitos das nascentes de rios e riachos a argila utilizada como matéria-prima em suas produções. Essa retirada ocorre preferencialmente no período da seca, quando as águas estão baixas. Depois de retirada, a argila é limpa; são retirados gravetos, pedaços de pedra e outras impurezas. O próximo passo da produção ceramista indígena é a sova da argila para que adquira consistência. Os indígenas costumam misturar palha, raízes trituradas ou fezes secas e trituradas para que a massa ganhe plasticidade. Essa pasta fica em repouso, coberta com tecido molhado, por um ou dois dias para ser mais bem utilizada. A técnica de produção de utensílios é a de roletes, em que pedaços da massa de argila são comprimidos com as mãos, dando forma aos objetos. Obtida a forma desejada, a peça deve ser levada para uma área arejada para a secagem, que deve ocorrer à sombra, pois a exposição ao Sol pode trincar a peça. O tempo de secagem dependerá da temperatura e da umidade do ar. Assim, em dias de chuva poderá demorar mais tempo. Para concluir o processo, é realizada a queima, quando é armada uma fogueira e em seu interior são colocadas as peças.

Atividade

- Você sabe produzir peças de cerâmica? Em caso afirmativo, explique aos colegas o processo de criação.

Atividade prática

- **Inspirado pelas obras reproduzidas nesta Unidade, reúna-se com seus colegas e participem de uma oficina de produção de cerâmica. Sigam os procedimentos descritos abaixo.**

Materiais

- Jornal
- Papelão
- Argila
- Rolo de madeira
- Palito de sorvete
- Palito de churrasco
- Arame resistente (podem ser clipes abertos)
- Esponja
- Cola banca ou verniz
- Tinta guache ou acrílica
- Pincel
- Cera incolor

Procedimentos

1. Forrem com jornal as mesas em que vão trabalhar e utilizem um pedaço de papelão como base sobre a qual desenvolverão o trabalho.
2. Sovem a argila para eliminar os gases contidos em seu interior.
3. Com o rolo de madeira, abram a massa de argila para eliminar as bolhas de ar que possam aparecer.
4. Peguem uma quantidade de argila sovada que caiba em uma mão e a transformem em uma esfera compacta.
5. Abram a esfera com o dedo polegar e, aos poucos, deem forma ao objeto desejado. A peça deve ter, no mínimo, 1 centímetro de grossura.
6. Usem o palito de sorvete para alisar, cortar, marcar e polir a peça; o palito de churrasco, para fazer os furos; o arame, para aplicar texturas ou grafismos; e a esponja, para umedecer a peça e facilitar o processo de moldagem.
7. Deixem a peça secar à sombra (para não ocorrerem rachaduras) durante pelo menos três dias.
8. Apliquem cola branca sobre a peça e deixem-na secar por pelo menos mais um dia.
9. Pintem a peça com tinta guache ou acrílica e deixem-na secar por mais um dia.
10. Envernizem a peça ou cubram-na com mais uma camada de cola branca. Deixem-na em processo de secagem por mais um dia, para que adquira brilho.

    Se vocês preferirem, podem manter a coloração natural da argila; basta, depois da primeira aplicação de cola e do processo de secagem, aplicar cera incolor em pasta na peça e poli-la.

GLOSSÁRIO

Compacto: cheio, comprimido.

TEMA

3 Sons e ritmos na cultura popular

Um dos aspectos mais marcantes da cultura de um povo são seus festejos.

Os festejos populares

Ocorrem celebrações de norte a sul do Brasil ao longo de todo o ano. Essas festividades são uns dos elementos mais marcantes da cultura brasileira, pois refletem as influências deixadas pelos diversos povos que participaram da formação do país. As festas, religiosas ou profanas (não religiosas), revelam aspectos relacionados às crenças, aos valores, à arte e a vários outros fatores que caracterizam a cultura popular.

Os festejos populares do Brasil inspiram muitos artistas. A obra reproduzida abaixo, por exemplo, foi criada por Militão dos Santos, artista que se destaca por representar aspectos da cultura popular, como as danças, as festas e as brincadeiras. Nessa obra, Militão dos Santos representou elementos relacionados a festejos tradicionais da Região Nordeste.

MILITÃO DOS SANTOS

Folclores nordestinos (2012), de Militão dos Santos.
Óleo e acrílica sobre tela, 60 cm × 40 cm. Coleção do artista.

Atividade

- **Você conhece as manifestações culturais representadas na obra desta página? Escolha uma delas, faça uma pesquisa sobre sua origem e registre os resultados no caderno. No dia agendado pelo professor, apresente-os aos colegas de classe.**

As festas do boi

Uma das festividades representadas por Militão dos Santos na tela *Folclores nordestinos* foi a festa do boi. Veja o detalhe ao lado. Essa mesma festividade inspirou as obras de Manuel Eudócio, que conhecemos na página 134.

No Brasil, os festejos que têm o boi como figura central tiveram origem no encontro de elementos das culturas indígenas, europeias e africanas. Há festas alusivas ao boi em todo o país, como o Bumba Meu Boi, o Boi de Mamão e o Boi-Bumbá.

No Nordeste, uma das festas do boi mais tradicionais é realizada no Maranhão. O Bumba Meu Boi maranhense integra os festejos juninos em homenagem aos santos católicos São João, São Pedro e São Marçal. A importância cultural da festa maranhense é tanta que essa celebração foi reconhecida, em 2011, como bem integrante do patrimônio nacional.

MILITÃO DOS SANTOS

Detalhe de *Folclores nordestinos* (2012), de Militão dos Santos. Óleo e acrílica sobre tela, 60 cm × 40 cm. Coleção do artista.

COLEÇÃO PARTICULAR

Festa do Bumba Meu Boi (2013), de Aracy. Acrílica sobre tela, 50 cm × 40 cm. Coleção particular.

DE OLHO NA OBRA

A festa do boi também acontece em Santa Catarina, na Região Sul do Brasil, com o nome Boi de Mamão. Na festa catarinense, além do boi, há outros personagens que foram introduzidos pelas diferentes culturas que influenciaram essa região, principalmente a dos imigrantes açorianos.

SÔNIA FURTADO - GALERIA JACQUES ARDIES, SÃO PAULO, SP

Boi de Mamão (1995), de Sônia Furtado. Óleo sobre tela, 70 cm × 100 cm. Galeria Jacques Ardies, São Paulo (SP).

De olho na imagem

Conheça mais pinturas *naïf*.

Detalhes da obra

1. Maricota
Personagem marcante no Boi de Mamão, a Maricota é um boneco gigante que representa uma mulher de origem alemã.

2. Bernunça ou Bernúncia
A Bernúncia é uma espécie de dragão estilizado, inspirado nos dragões chineses, que corre em direção ao público.

A arte *naïf*

A obra de Sônia Furtado reproduzida nesta seção se classifica como **arte *naïf* ou primitiva**. O termo *naïf* tem origem no francês e significa ingênuo. Chama-se arte *naïf* a produção de artistas que não utilizam técnicas clássicas de representação, como a perspectiva, nem utilizam as cores de forma convencional em suas obras. A arte *naïf* originou-se no contexto do Modernismo, quando os artistas se libertaram das regras acadêmicas e passaram a produzir obras mais espontâneas. O termo *naïf* foi empregado pela primeira vez para classificar a produção do francês Henri Rousseau (1844-1910). As obras de Militão dos Santos e de Aracy, que conhecemos nas páginas anteriores, também são classificadas como arte *naïf*.

EDMAR BARROS/FUTURA PRESS

Boi Garantido, no Festival de Parintins (AM), 2013.

BRUNO ZANARDO/FOTOARENA

Boi Caprichoso, no Festival de Parintins (AM), 2010.

O Boi-Bumbá

Uma das maiores e mais tradicionais festas do boi do Brasil é a do Boi-Bumbá, realizada todos os anos, nos últimos dias do mês de julho, em Parintins, no Amazonas.

Existem dúvidas sobre a origem do festival de Parintins. Muitos acreditam que ele tenha se originado do Bumba Meu Boi maranhense, levado à região durante o período de exploração da borracha, entre o fim do século XIX e o início do século XX.

Durante os dias de festa, a população de Parintins se divide em duas agremiações: a do boi Garantido, cuja cor oficial é a vermelha, e a do boi Caprichoso, representado pela cor azul. Essas agremiações participam de uma competição para definir quem fez o melhor desfile.

As apresentações acontecem no **bumbódromo**, local especialmente construído para o desfile dos bois-bumbás. Nos desfiles, são abordados temas como arte regional, lendas, rituais indígenas e costumes da população local. As apresentações sempre acontecem ao som das **toadas**, canções que resgatam as tradições e os mitos dos povos da floresta. Ouça, na faixa 19 do CD, uma toada do Boi-Bumbá.

Desfile da festa do Boi-Bumbá em Parintins (AM), 2014.

THE ASAHI SHIMBUN/GETTY IMAGES

As festas juninas

Presentes em praticamente todo o país, as festas juninas representam a celebração dos santos católicos juninos: Santo Antônio, São João e São Pedro.

Embora tenham caráter religioso e estejam relacionados com as crenças impostas pelos colonizadores europeus, os festejos juninos revelam influências dos povos indígenas, que, antes da chegada dos europeus, realizavam celebrações ligadas à agricultura no mês de junho. Essa influência está presente, principalmente, nos pratos típicos da festa, que são feitos de milho, amendoim, batata-doce e mandioca.

Na Região Nordeste ocorrem as maiores e mais tradicionais festas juninas do Brasil. Na época desses festejos, em cidades como Campina Grande, na Paraíba, Caruaru, em Pernambuco, e Teresina, no Piauí, são promovidos grandes espetáculos, que envolvem danças, comidas típicas e fogos de artifício.

Uma das características principais das festas juninas nordestinas é a **quadrilha**, introduzida no Brasil pelos portugueses. No início, a quadrilha era praticada nas festas da Corte e tinha como base as danças dos nobres da França e da Inglaterra. Com o tempo, a coreografia da Corte foi para as ruas.

Ao popularizar-se, a dança recebeu características regionais e transformou-se na quadrilha **caipira**, também conhecida como **matuta**. Na quadrilha caipira, homens e mulheres formam pares, ensaiam os passos, vestem-se com roupas remendadas e chapéus de palha e participam do casamento na roça.

Há ainda a quadrilha **estilizada**: um grupo cria uma coreografia de acordo com a música escolhida e dança com trajes revestidos com muito brilho.

Para saber mais

Ritmos Nordestinos.

G. EVANGELISTA/OPÇÃO BRASIL IMAGENS

Apresentação de quadrilha em Campina Grande (PB), 2012.

Atividade

- Você já viu uma apresentação de quadrilha em festas juninas ou já participou de uma? Era estilizada ou tradicional? Escreva um pequeno texto contando como era essa quadrilha. Depois, compartilhe com os colegas o que você escreveu.

A música nas festas juninas

As festas juninas nordestinas são animadas com estilos musicais tradicionais da região, como o **baião**, cujos instrumentos mais característicos são a sanfona, o triângulo e o zabumba. A sanfona – também conhecida como acordeão – executa a harmonia e as melodias, e o zabumba e o triângulo marcam o ritmo da música. Ouça, na faixa 20 do CD, o som desses instrumentos.

O baião se tornou conhecido em todo o Brasil graças ao cantor e compositor Luiz Gonzaga (1912-1989), conhecido como "O rei do baião", e o advogado e letrista Humberto Teixeira (1915-1979), conhecido como "O doutor do baião". Ouça, na faixa 21 do CD, a canção "Baião", de Luiz Gonzaga e Humberto Teixeira, e acompanhe a letra a seguir.

IRMO CELSO/ABRIL COMUNICAÇÕES S/A

Luiz Gonzaga em São Paulo (SP), 1981.

FOLHAPRESS

Humberto Teixeira em 1977.

Baião

"Eu vou mostrar pra vocês
Como se dança o baião
E quem quiser aprender
É favor prestar atenção
Morena chega pra cá
Bem junto ao meu coração
Agora é só me seguir
Pois eu vou dançar o baião
Baião...

Eu já dancei balancê
Xamego, samba e xerém
Mas o baião tem um quê
Que as outras danças não têm

Oi quem quiser é só dizer
Pois eu com satisfação
Vou dançar cantando o baião
Baião...

Eu já cantei no Pará
Toquei sanfona em Belém
Cantei lá no Ceará
E sei o que me convém
Por isso eu quero afirmar
Com toda convicção
Que estou doido pelo baião.
Baião..."

GONZAGA, Luiz; TEIXEIRA, Humberto. Baião.
Em: Luiz Gonzaga. *Baião*. Rio de Janeiro: RCA Victor, 1949.

Atividades

1. **Em sua opinião, o que os autores da canção quiseram dizer no trecho: "Mas o baião tem um quê / Que as outras danças não têm"?**

____

____

____

2. **Você conhece outras canções de Luiz Gonzaga? Comente com os colegas o que sabe a respeito dessas canções.**

Atividade prática

- **Seguindo as orientações do professor, junte-se aos colegas da classe e organizem uma coreografia para a canção "Baião". Na coreografia, os dançarinos devem fazer movimentos coordenados. Apresentem a coreografia no dia agendado pelo professor.**

De olho no vídeo

Trecho do filme *Gonzaga - de pai para filho.*

INDICAÇÕES

Para acessar

- **Enciclopédia Itaú Cultural – Arte *naïf*.** Disponível em: <http://enciclopedia.itaucultural.org.br/termo5357/arte-na%C3%AFf>. Acesso em: 7 jul. 2015.

Essa página traz informações detalhadas sobre a arte *naïf* e sua relação com o Modernismo.

- **Especial Parintins.** Disponível em: <www.boideparintins.com.br/default.asp>. Acesso em: 7 jul. 2015.

Esse *site* traz informações sobre o Festival de Parintins, abordando aspectos relacionados aos bois Garantido e Caprichoso, agremiações que participam do festival.

- **Mamulengo Presepada.** Disponível em: <www.mamulengo.org>. Acesso em: 7 jul. 2015.

Esse *site* traz informações sobre o grupo Mamulengo Presepada, de Brasília (DF). Nele, é possível acessar fotos e vídeos de apresentações realizadas pelo grupo.

Para acessar e visitar

- **Memorial Luiz Gonzaga**
  Endereço virtual: <www.recife.pe.gov.br/mlg/gui/Index.php>.
  Acesso em: 7 jul. 2015.
  Endereço físico: Pátio de São Pedro, casa 35. São José. CEP: 50020-220. Recife (PE).

Nesse *link*, é possível pesquisar dados sobre a vida e a carreira de Luiz Gonzaga. O Memorial é um centro de preservação da obra do músico e está aberto à visitação e consulta ao acervo de discos, fotos, livros, instrumentos musicais etc.

- **Museu Internacional de Arte *Naïf* do Brasil**
  Endereço virtual: <www.museunaif.com>.
  Acesso em: 7 jul. 2015.
  Endereço físico: Rua Cosme Velho, 561, Cosme Velho. CEP: 22241-090. Rio de Janeiro (RJ).

O acervo do Museu Internacional de Arte *Naïf* do Brasil é composto de cerca de 5 mil obras de artistas nacionais e estrangeiros. No *site* é possível obter informações a respeito da arte *naïf* e sobre alguns artistas *naïf* brasileiros.

Para assistir

- ***Gonzaga, de pai pra filho*. Direção de: Breno Silveira. Brasil, 2012, 130 min.**

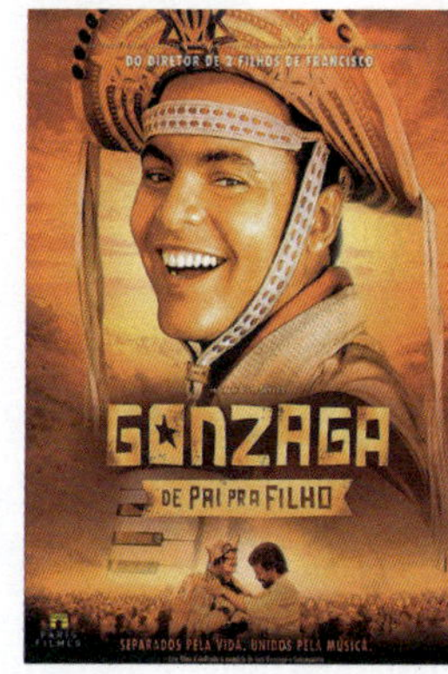

REPRODUÇÃO

Apresenta a história de vida e a obra de Luiz Gonzaga, um dos ícones da cultura popular do Brasil. É representada a trajetória da vida desse artista nordestino, desde sua saída de casa em busca de novas oportunidades, passando pelos desafios encontrados ao longo de sua carreira musical, até a difícil relação com seu filho, também cantor e compositor, Gonzaguinha. A narrativa foi construída com base em conversas entre pai e filho e retrata aspectos da cultura nordestina e das alegrias e sofrimentos dos sertanejos.

Para ler

- ***Lendas brasileiras para jovens*, de Luís da Câmara Cascudo. 2. ed. São Paulo: Global, 2006. (Livro do Programa Nacional Biblioteca da Escola 2012).**

REPRODUÇÃO

Nesse livro, o autor busca divulgar elementos do folclore brasileiro, muitas vezes esquecidos. Por isso, reúne algumas das mais significativas lendas do folclore do país, como Cobra Norato, Chico Rei, Negrinho do Pastoreio, Sapucaia-Roca, entre outras lendas populares.

- ***Luiz Lua Gonzaga Estrela*: o rei do baião, de Dílvia Ludvichak. São Paulo: Paulus, 2014.**

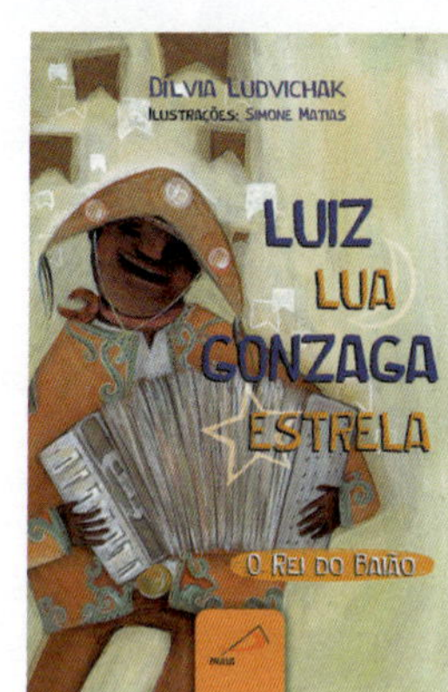

REPRODUÇÃO

Nesse livro, a autora apresenta a biografia de Luiz Gonzaga em forma de cordel, destacando sua trajetória pessoal e artística. Ao destacar a produção de Luiz Gonzaga, a autora promove e valoriza a cultura nordestina.

UNIDADE

9

ARTE E POESIA POPULAR

RODOLFO ARAÚJO

A arte popular se expressa nas mais variadas linguagens. Na Unidade anterior, conhecemos artistas que criam esculturas, pinturas e músicas para expressar seu olhar a respeito do mundo ao redor. Outros artistas usam sua criatividade para escrever poemas que tratam de situações cotidianas, acontecimentos sociais, políticos, religiosos etc. Um desses artistas foi Antônio Gonçalves da Silva (1909-2002), conhecido como Patativa do Assaré. A foto desta abertura é de um espetáculo realizado em homenagem a ele.

Começando a Unidade

1. Descreva a cena retratada na foto desta abertura. Como é o cenário e o figurino dos atores?
2. Que elementos do cenário estão relacionados com a cultura nordestina?
3. Você gosta de poesia? Converse com os colegas sobre poemas ou poetas que você conhece.

Cena do espetáculo *Concerto de Ispinho e Fulô*, apresentado pela Cia. do Tijolo, em Arcoverde (PE), 2012.

Garoa
meu
São

TEMA 1

O poeta do sertão

Patativa do Assaré usou a poesia para tratar de aspectos relacionados à vida dos nordestinos.

Uma homenagem ao poeta

A foto reproduzida na abertura desta Unidade é de uma cena de *Concerto de Ispinho e Fulô*, espetáculo criado pelos membros da Cia. do Tijolo, grupo teatral de São Paulo (SP). Esse espetáculo é baseado em uma série de pesquisas realizadas pelos integrantes do grupo sobre a vida e a obra de Patativa do Assaré. Além desse espetáculo, o grupo produziu *Cante lá que eu canto cá* (2008), também inspirado na obra do artista.

A trilha musical do espetáculo é composta de obras produzidas pelos integrantes do grupo e também por Luiz Gonzaga, que, como vimos na Unidade anterior, é uma importante referência da música nordestina. As canções são executadas ao vivo durante o espetáculo. Ouça na faixa 22 do CD uma das canções que fazem parte do espetáculo.

Assim como a trilha musical, o figurino faz referência ao Nordeste. As rendas e os crochês bordados nas roupas, os chapéus e as botinas são exemplos dessa referência. O cenário também é composto de muitas citações ao universo de Patativa do Assaré. As peças que formam o mapa do Brasil no centro do palco, por exemplo, são sinos como os que são pendurados no pescoço do gado. Ou seja, faz menção aos boiadeiros nordestinos.

ALÉCIO CEZAR

Cena do espetáculo *Concerto de Ispinho e Fulô*, apresentado pela Cia. do Tijolo, em Fortaleza (CE), 2010.

A obra de Patativa do Assaré

JARBAS OLIVEIRA/FOLHAPRESS

Patativa do Assaré, em Assaré (CE), 2000.

Patativa do Assaré nasceu no interior do estado do Ceará e, desde muito cedo, trabalhou na lavoura para ajudar sua família. Embora tenha frequentado a escola por apenas seis meses, ele teve acesso à literatura por meio dos folhetos de cordel e dos versos entoados pelos cantadores sertanejos. Influenciado por essa literatura, em 1925, Patativa começou a compor seus primeiros versos musicados. Seu primeiro livro, *Inspiração nordestina*, foi publicado em 1956.

Os versos de Assaré destacam-se pelo ritmo e pela rima, compostos para conduzir ao canto. Por essa razão, a característica mais importante de sua obra é a transmissão oral dos poemas acompanhados de música. Outra característica marcante da obra de Patativa do Assaré é o fato de, muitas vezes, não seguir algumas das normas urbanas de prestígio da língua portuguesa, revelando ao leitor o modo de falar do sertanejo.

Em suas produções, Assaré abordava temas relacionados ao cotidiano do sertanejo, como a dificuldade do plantio causada pelas longas secas, o abandono do sertão por parte do poder público, as injustiças sociais, a religiosidade e a migração para as grandes cidades. Sua obra, dessa maneira, pode ser entendida como uma denúncia dos problemas de sua terra. No poema a seguir, por exemplo, Patativa do Assaré abordou a importância da reforma agrária, ou seja, da distribuição justa das terras.

Reforma agrária

"Pobre agregado, força de gigante,
Escuta amigo o que te digo agora,
Depois da treva vem a linda aurora
E a tua estrela surgirá brilhante.

Pensando em ti eu vivo a todo instante,
Minha alma triste desolada chora
Quando te vejo pelo mundo afora
Vagando incerto qual judeu errante.

Para saíres da fatal fadiga,
Do horrível jugo que cruel te obriga
A padecer situação precária

Lutai altivo, corajoso e esperto
Pois só verás o teu país liberto
Se conseguires a reforma agrária."

ASSARÉ, Patativa do. Reforma agrária. Em: *Ispinho e Fulô*. Brasil, 2001. p. 199.

Atividade

- **Junte-se a um colega e respondam: por que, em um país tão extenso como o Brasil, muitas pessoas não têm acesso à terra? Comentem as impressões com os colegas.**

Uma homenagem à cultura nordestina

A foto reproduzida na capa deste volume é do espetáculo *Saga nordestina*, realizado em 2010, pelo Coletivo Teatral Sala Preta, em Barra Mansa (RJ). *Saga nordestina* homenageia três ícones da cultura nordestina: Jackson do Pandeiro, Luiz Gonzaga e o instrumentista, cantor e compositor Dominguinhos (1941-2013), que lançou canções de sucesso como "Isso aqui tá bom demais" e "De volta pro aconchego".

O Coletivo Teatral Sala Preta utiliza a rua como palco para suas apresentações. A cena da foto ao lado, por exemplo, é de um espetáculo realizado pelo grupo nas ruas de Barra Mansa.

Apresentação do espetáculo *Nasce uma cidade*, do Coletivo Teatral Sala Preta, em Barra Mansa (RJ), em 2010.

PAULO DIMAS

TEMA

2 A poesia popular

Em todo o Brasil, poetas populares criam versos para tratar do mundo ao redor.

O cordel

Tradicional em vários estados da Região Nordeste, a **literatura de cordel** é uma das expressões culturais introduzidas no Brasil pelos colonizadores portugueses. Nessa região, os cordéis são produzidos por poetas populares e apresentam histórias reais ou imaginárias relacionadas ao cotidiano dos nordestinos. Os cordelistas, muitas vezes, utilizam uma linguagem informal para apresentar essas histórias.

Os versos do cordel, em geral, são constituídos por sons fortes e fracos alternados. Essa alternância dá ritmo à leitura, que, com a rima, determina a melodia do cordel.

Leia a seguir um trecho de um cordel composto por Leandro Gomes de Barros (1865-1918), considerado um dos primeiros cordelistas do Brasil.

Para saber mais

Cordel.

KLÉVISSON VIANA

Xilogravura de Leandro Gomes de Barros de autoria de Klévisson Viana.

A seca do Ceará

"Seca as terras as folhas caem,
Morre o gado sai o povo,
O vento varre a campina,
Rebenta a seca de novo;
Cinco, seis mil emigrantes
Flagelados retirantes
Vagam mendigando o pão,
Acabam-se os animais
Ficando limpo os currais
Onde houve a criação.

Não se vê uma folha verde
Em todo aquele sertão
Não há um ente d'aqueles
Que mostre satisfação
Os touros que nas fazendas
Entravam em lutas tremendas,
Hoje nem vão mais o campo
É um sítio de amarguras
Nem mais nas noites escuras
Lampeja um só pirilampo.
[...]"

BARROS, Leandro Gomes de. *A seca do Ceará*. Disponível em: <www.dominiopublico.gov.br/download/texto/jp000013.pdf>. Acesso em: 7 jul. 2015.

Atividade

- **Qual é o tema do cordel reproduzido acima?**

____

____

Dialogando com Língua Portuguesa

Os folhetos

Os cordéis são impressos em folhetos com, aproximadamente, 16 centímetros de altura. As folhas internas, em geral, não contêm ilustrações, mas as capas trazem imagens relacionadas com o tema do cordel. Nos locais em que são vendidos, os folhetos são expostos em um cordel: uma espécie de barbante estendido como um varal. Por isso, eles são conhecidos como cordéis.

A literatura de cordel é popular no Nordeste, onde muitas famílias e grupos de amigos se reúnem para realizar "leituras cantadas" dos folhetos. Nas ruas e nas feiras, os versos também são cantados pelos poetas, que, acompanhados de viola, rabeca, triângulo e outros instrumentos tradicionais do Nordeste, vendem suas produções.

Muitos autores de cordel também produzem as **xilogravuras**: as imagens gravadas sobre papel que ilustram a capa dos cordéis. O artista J. Borges (1935-), por exemplo, iniciou sua carreira produzindo cordéis e hoje é conhecido mundialmente por suas xilogravuras. Veja a seguir a reprodução de uma das xilogravuras produzidas por J. Borges.

ALESSANDRO VIANA/TYBA

Cordéis em exibição no Centro Luiz Gonzaga de Tradições Nordestinas no Rio de Janeiro (RJ), 2013.

MEMORIAL J.BORGES E MUSEU DA XILOGRAVURA, BEZERROS, PE

Mudança de sertanejo (1989), de J. Borges. Xilogravura, 48 cm x 66 cm. Memorial J. Borges e Museu da Xilogravura, Bezerros (PE).

Atividade

- **Como podemos relacionar a xilogravura *Mudança de sertanejo* com o cordel *A seca do Ceará*, reproduzido na página anterior?**

____

____

____

O repente

Quando os portugueses colonizaram o Brasil, trouxeram a tradição dos cantadores: poetas populares que viajavam acompanhados de uma viola para cantar seus versos. No Nordeste brasileiro, esses versos se consolidaram, como o **repente**, o correspondente oral do cordel.

O repente se caracteriza pelo improviso, ou seja, os cantadores fazem versos "de repente" a fim de desafiar outro cantador. O que está em jogo não é a afinação nem a beleza da voz, mas o ritmo e a agilidade de criar versos para vencer o oponente. Ouça, na faixa 23 do CD, a gravação de um repente cujo tema é cordel.

Outros tipos de gravura

Além da xilografia, existem outras técnicas de obtenção de gravuras, entre as quais se destacam a **litografia** e a **gravura em metal**. Na litografia, é utilizada uma pedra calcária como matriz, e as imagens são feitas com um lápis gorduroso. Na gravura em metal, são utilizadas placas de cobre, zinco ou latão como matriz, e as imagens são obtidas por incisões feitas por instrumentos pontiagudos e metálicos, gerando sulcos na chapa. Na gravura em metal, é necessário o uso de uma prensa para transferir a imagem da matriz para o papel.

BERTRAND RIEGER/HEMIS/CORBIS/LATINSTOCK

Matrizes de litogravuras.

VALERIY KONDRATENKO/SHUTTERSTOCK

Processo de criação de matriz para gravura em metal.

A xilografia

A técnica utilizada para produzir as xilogravuras é a **xilografia**. A gravura feita com essa técnica é entalhada em um suporte de madeira, formando uma matriz para a impressão. Veja na foto reproduzida a seguir o artista J. Borges fazendo uma matriz de madeira. Note que o artista desenha a imagem que deseja estampar formando cavidades na madeira.

Com a matriz pronta, o artista realiza a tintagem, ou seja, passa tinta sobre a madeira. Depois, aplica o papel sobre a matriz, imprimindo a imagem nele. Veja a seguir as reproduções da matriz e da imagem impressa no folheto. Perceba que o artista criou as imagens, o título e até a assinatura do lado contrário ao da impressão.

MARCO ANTÔNIO SÁ/PULSAR IMAGENS

J. Borges entalhando matriz de xilogravura em Bezerros (PE), 2012.

MEMORIAL J.BORGES E MUSEU DA XILOGRAVURA, BEZERROS, PE

Briga da onça com a serpente (1992), de J. Borges. Matriz de xilogravura, 30 cm x 52 cm. Memorial J. Borges e Museu da Xilogravura, Bezerros (PE).

MEMORIAL J.BORGES E MUSEU DA XILOGRAVURA, BEZERROS, PE

Briga da onça com a serpente (1992), de J. Borges. Xilogravura, 30 cm x 52 cm. Memorial J. Borges e Museu da Xilogravura, Bezerros (PE).

A xilografia e as artes visuais

Muitos artistas utilizam diferentes técnicas de gravura na produção de suas obras. Com criatividade e habilidades técnicas, esses artistas produzem obras de destacado valor artístico. Observe, por exemplo, a xilogravura *Gatinhos de estimação*, de Rubem Grilo (1946-), reproduzida a seguir. Note as expressões das figuras criadas pelo artista e as formas desproporcionais do corpo dessas figuras. Observe também a organização do espaço representado. Pense nas dificuldades para produzir a matriz em madeira para obter essa imagem. A destreza na realização dos sulcos sobre a madeira é uma das principais características da obra de Rubem Grilo.

COLEÇÃO DO ARTISTA

Gatinhos de estimação (2003), de Rubem Grilo. Xilogravura, 23 cm × 23 cm. Coleção do artista.

Outro artista que se dedicou à produção de xilogravuras foi Oswaldo Goeldi (1895-1961). Em suas obras, Goeldi recriava diferentes cenários, em geral, noturnos e sombrios, utilizando traços simples e forte contraste de luz. Observe essas características na obra reproduzida abaixo.

COLEÇÃO PARTICULAR

Céu vermelho (1950), de Oswaldo Goeldi. Xilogravura, 22 cm × 30 cm. Coleção particular.

Atividade prática

- **Agora você vai exercitar o processo de gravura. Veja os materiais de que vai precisar e o modo como deve fazer o trabalho.**

Materiais

- Objetos planos e pequenos: podem ser naturais, como folhas de árvore e pedacinhos de madeira, ou artificiais, como borrachas e tampinhas de refrigerante
- Folhas de papel, de preferência finas, como guardanapos ou papéis-toalha
- Tinta guache de cores diversas

Procedimento

- Espalhe uma camada fina de tinta guache sobre a superfície dos objetos que deseja carimbar. Realize várias experiências com essas matrizes.

Atividade prática

- **Agora que você já obteve informações sobre os cordéis e as xilogravuras, siga os procedimentos abaixo para criar uma ilustração para o cordel *A seca do Ceará*, reproduzido na página 153.**

Materiais

- Lápis
- Folha de sulfite
- Palito de churrasco ou caneta esferográfica
- Placa de aglomerado de poliestireno rígido
- Tinta guache
- Rolinho de pintura

Procedimentos

1. Faça um esboço da imagem que deseja criar em uma folha de papel sulfite. Com o desenho pronto, utilize o palito de churrasco ou uma caneta esferográfica para transferir a imagem para a placa de aglomerado de poliestireno rígido. Lembre-se de que a imagem sairá invertida.

2. Escolha as cores que deseja para a gravura e, com um rolinho, passe a tinta sobre a placa de aglomerado de poliestireno rígido. Lembre-se de que você pode utilizar mais de uma cor em sua gravura.

3. Vire, cuidadosamente, a matriz de aglomerado de poliestireno rígido sobre o papel em que deseja transferir a imagem, pressionando-a levemente.

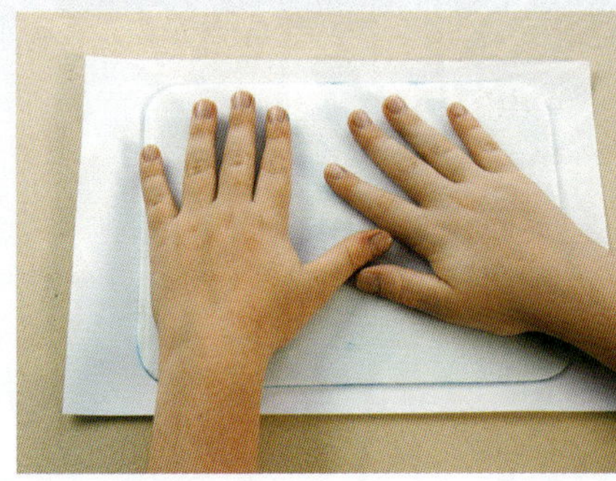

4. Segure a folha e retire a matriz devagar. Sua imagem estará impressa. Se desejar, faça outras cópias da imagem a partir da matriz.

5. Seguindo as orientações do professor, apresente sua produção aos colegas.

FOTOS: DOTTA2

INDICAÇÕES

Para acessar

- **Fundação Joaquim Nabuco – Biblioteca Blanche Knopf – J. Borges.** Disponível em: <http://basilio.fundaj.gov.br/pesquisaescolar/index.php?option=com_content&view=article&id=394&Itemid=1>. Acesso em: 7 jul. 2015.

Essa página traz informações detalhadas sobre a vida e a obra do cordelista e xilogravurista J. Borges.

- **Entrevista com J. Borges.** Disponível em: <www2.camara.leg.br/camaranoticias/tv/materias/download/padrao/SINTONIA/164046-J.-BORGES-(XILOGRAVURISTA).html>. Acesso em: 7 jul. 2015.

A partir desse *link* é possível assistir a uma entrevista com J. Borges, autor de algumas das xilogravuras que conhecemos nesta Unidade.

Para acessar e visitar

- **Museu Casa da Xilogravura**
Endereço virtual: <www.casadaxilogravura.com.br>. Acesso em: 7 jul. 2015.
Endereço físico: Avenida Eduardo Moreira da Cruz, 295, Jaguaribe. CEP: 12460-000. Campos do Jordão (SP).

Inaugurado em 1987, o Museu Casa da Xilogravura é uma instituição particular em que são colecionadas e preservadas xilogravuras. Há no acervo do museu obras de mais de 400 artistas xilógrafos expostas ao público. O *site* traz informações sobre a história da xilogravura e apresenta detalhes do acervo. Também é possível informar-se sobre os horários de visitação.

Para assistir

- **Patativa do Assaré: ave poesia. Direção de: Rosemberg Cariry. Brasil, 2007, 84 min.**

REPRODUÇÃO

Esse documentário apresenta a vida e a obra do poeta Patativa do Assaré, destacando a contribuição do artista na formação da identidade cultural nordestina.

Para ler

- ***A dama das camélias em cordel***, de Alexandre Dumas. Adaptado por Evaristo Geraldo e ilustrado por Veridiana Magalhães. São Paulo: Nova Alexandria, 2011. (Livro do Programa Nacional Biblioteca da Escola 2012).

REPRODUÇÃO

Adaptação para a linguagem do cordel desse clássico da literatura em que é contada a história de amor entre uma cortesã belíssima, de origem humilde, e um jovem estudante de Direito da alta burguesia francesa do século XIX. O romance *A dama das camélias* foi escrito por Alexandre Dumas em 1848 e, em 1852, foi adaptado pelo próprio autor para o teatro.

- ***Ispinho e Fulô***, de Patativa do Assaré. São Paulo: Hedra, 2005. (Coleção Literatura Popular)

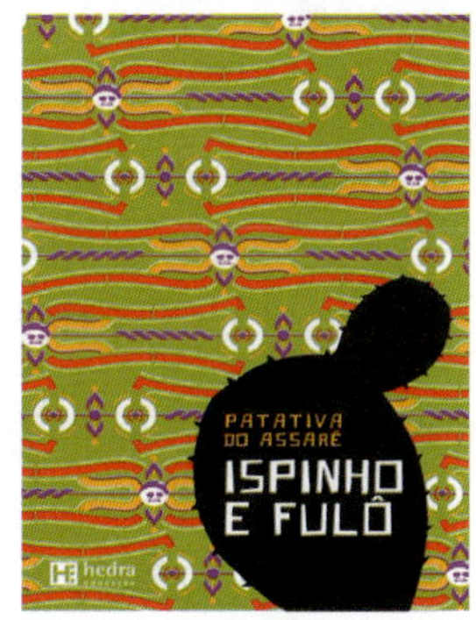

REPRODUÇÃO

Lançado pela primeira vez em 1988, esse livro reúne poemas escritos por Patativa do Assaré. O título desse livro inspirou o espetáculo *Concerto de Ispinho e Fulô* abordado nas primeiras páginas desta Unidade.

- ***Mitos e lendas do Brasil em cordel***, de Nireuda Longobardi. São Paulo: Paulus, 2009.

REPRODUÇÃO

O espaço da literatura de cordel, com presença marcante nos estados da Região Nordeste, tem sido ampliado nas demais regiões do Brasil. Nesse livro, Nireuda Longobardi resgata a história de personagens tradicionais do folclore brasileiro, como o caipora e o curupira, por meio do cordel.

ARGAN, Giulio C. *Arte moderna*. São Paulo: Companhia das Letras, 1992.

BANDEIRA, Julio; LAGO, Pedro Corrêa do. *Debret e o Brasil*: obra completa: 1816-1831. Rio de Janeiro: Capivara, 2009.

BERTHOLD, Margot. *História mundial do teatro*. 2. ed. São Paulo: Perspectiva, 2004.

BOPP, Raul. *Vida e morte da Antropofagia*. 2. ed. Rio de Janeiro: José Olympio, 2008. (Sabor literário)

CAUQUELIN, Anne. *Arte contemporânea*: uma introdução. Trad. Rejane Janowitzer. São Paulo: Martins, 2005. (Coleção Todas as artes)

COSTA, Cristina. *Arte: resistências e rupturas*: ensaios de arte pós-clássica. São Paulo: Moderna, 1998. (Coleção Paradoxos)

DECKERT, Marta. *Educação musical*: da teoria à prática na sala de aula. São Paulo: Moderna, 2012.

FARIA, João Roberto; GUINSBURG, Jacó; LIMA, Mariangela Alves de (Orgs.). *Dicionário do teatro brasileiro*. São Paulo: Perspectiva, 2009.

FARIAS, Edson Silva de; MIRA, Maria Celeste (Orgs.). *Faces contemporâneas da cultura popular*. Jundiaí: Paço Editorial, 2014.

FONTERRADA, Marisa Trench de Oliveira. *De tramas e fios*: um ensaio sobre música e educação. 2. ed. São Paulo: Editora Unesp; Rio de Janeiro: Funarte, 2008.

FUX, Maria. *Dança*: experiência de vida. São Paulo: Summus, 1983.

GARCEZ, Lucília; OLIVEIRA, Jô. *Explicando a arte brasileira*. Rio de Janeiro: Ediouro, 2003. (Coleção Explicando)

GARDIN, Carlos. *O teatro antropofágico de Oswald de Andrade*: da ação teatral ao teatro de ação. São Paulo: Annablume, 1993.

GOMBRICH, E. H. *A história da arte*. Trad. Cristiana de Assis Serra. Rio de Janeiro: LTC, 2013.

GONÇALVES, Marcos Augusto. *1922*: a semana que não terminou. São Paulo: Companhia das Letras, 2012.

HAUSER, Arnold. *História social da literatura e da arte*. Trad. Walter H. Geenen. 4. ed. São Paulo: Mestre Jou, 1980. vol. 1. 3. ed. 1982. vol. 2.

JARDIM, Gil. *O estilo antropofágico de Heitor Villa-Lobos*: Bach e Stravinsky na obra do compositor. São Paulo: Philarmonia Brasileira, 2005.

KOUDELA, Ingrid Dormien. *Jogos teatrais*. 7. ed. São Paulo: Perspectiva, 2011. (Debates Teatro)

LABAN, Rudolf. *Dança educativa moderna*. Trad. Maria da Conceição Parayba Campos. São Paulo: Ícone, 1990.

MACHADO, Arlindo. *Arte e mídia*. Rio de Janeiro: Jorge Zahar, 2007.

MARQUES, Isabel. *Ensino de dança hoje*. São Paulo: Cortez, 1999.

OLIVEIRA, Myriam Andrade Ribeiro de. *O Aleijadinho e o santuário de Congonhas*. Brasília: Iphan/Monumenta, 2006. (Coleção Roteiros do patrimônio)

OSSONA, Paulina. *A educação pela dança*. Trad. Norberto Abreu e Silva Neto. São Paulo: Summus, 1988.

OSTROWER, Fayga. *Universos da arte*. 24. ed. Rio de Janeiro: Elsevier; Campus, 2004.

PAVIS, Patrice. *Diccionario del teatro*: dramaturgia, estética, semiología. Barcelona: Paidós, 1998.

READ, Herbert. *O sentido da arte*. São Paulo: Ibrasa, 1987.

RODRIGUES, A.; FERNANDES, J. N.; NOGUEIRA, M. (Orgs.). *Música na escola*: o uso da voz. Rio de Janeiro: Conservatório Brasileiro de Música, 2000.

SADIE, Stanley (Ed.). *Dicionário Grove de música*. Trad. Eduardo Francisco Alves. Rio de Janeiro: Jorge Zahar, 1994.

SPOLIN, Viola. *Improvisação para o teatro*. Trad. Ingrid Dormien Koudela e Eduardo José de Almeida Amos. São Paulo: Perspectiva-Secretaria da Cultura, Ciência e Tecnologia do Estado de São Paulo, 1979.

TATIT, Ana; MACHADO, Maria Silvia M. *300 propostas de artes visuais*. 3. ed. São Paulo: Loyola, 2003.

TINHORÃO, José Ramos. *Pequena história da música popular*: da modinha à lambada. 6. ed. rev. aum. São Paulo: Art, 1991.

WÖLFFLIN, Henrich. *Conceitos fundamentais da história da arte*. São Paulo: Martins Fontes, 1984.

Hábitos
da mente

MODERNA

Como você reage diante de uma situação nova? Como participa dos trabalhos desenvolvidos pelo seu grupo? Como se comporta à medida que o dia da avaliação se aproxima?

Há algumas atitudes que nos ajudam a lidar com as tarefas cotidianas, desde as mais simples até as mais complexas. São atitudes que identificamos nas pessoas que resolvem problemas de maneira eficiente, fazem as perguntas certas ao buscar soluções, tomam decisões conscientes, relacionam-se bem com os outros e pensam de forma criativa e inovadora.

Os Hábitos da mente de que vamos tratar a seguir irão auxiliá-lo em seus estudos e na realização das atividades deste livro. Mais do que isso, serão uma ferramenta importante para ajudá-lo a enfrentar as situações desafiadoras do seu dia a dia, na escola, nas relações com a família e com os amigos, enfim, na vida. Aproveite!

CONTROLAR A IMPULSIVIDADE

Quantas vezes você já se pegou dizendo a primeira coisa que lhe veio à cabeça ao ser questionado? E quantas vezes essa atitude precipitada trouxe resultados pouco satisfatórios ou até desastrosos para você?

Para diminuir a chance de erro e de frustração, reflita antes de agir. Considere as alternativas e as consequências dos vários caminhos que você pode tomar para chegar a uma solução. Analise bem todas as indicações ou instruções que foram fornecidas, busque mais informações sobre o assunto, reflita sobre a resposta que quer dar para a questão.

Ao contribuir para que você forme uma ideia do todo antes de partir para a resolução do problema, essas atitudes reduzem a possibilidade de se deparar com resultados inesperados e frustrações no caminho, além de ajudá-lo a controlar o impulso de desistir ou de adiar o enfrentamento da tarefa.

PERSISTIR

O que você faz quando um problema se torna difícil demais para resolver? Você desiste, tenta mais uma vez, e mais uma vez, ou tenta de novo, mas de forma diferente?

É comum as pessoas confundirem persistência com insistência, que significa ficar tentando, e tentando, e tentando, sempre da mesma forma. Mas a persistência não é isso! Persistir significa buscar estratégias diferentes para alcançar seu objetivo.

Em vez de desistir por achar que não dá para completar a tarefa, tente uma alternativa. Se determinada forma de fazer algo não funciona, busque outro caminho. Desenvolver estratégias distintas para resolver um problema vai ajudá-lo a atingir seus objetivos.

PENSAR COM FLEXIBILIDADE

Como você enfrenta uma situação nova e inesperada? E como lida com pontos de vista diferentes?

Quanto maior for sua capacidade de ajustar o pensamento e mudar de opinião à medida que for recebendo novas informações, mais facilidade terá para se adequar a situações inesperadas ou enfrentar problemas que podem parecer difíceis de resolver.

Pensar com flexibilidade significa perceber que existem diferentes formas de abordar uma questão. Significa ser capaz de se adaptar ao novo ou ao inusitado e de agir mesmo quando não se consegue enxergar cada detalhe ao longo do caminho.

ESCUTAR OS OUTROS COM ATENÇÃO E EMPATIA

Você costuma prestar atenção ao que as pessoas dizem? Mas atenção de verdade – e não ficar ensaiando mentalmente o que vai dizer assim que elas terminarem de falar.

Escutar com atenção significa manter-se atento ao que o outro está dizendo, procurando entender o ponto de vista dele. Escutar com empatia significa perceber a outra pessoa, colocar-se no lugar dela, buscando compreender seu raciocínio e suas motivações.

Para se relacionar bem com as pessoas é preciso prestar atenção aos sentimentos delas e às suas percepções sobre as questões que lhes são importantes. É impressionante quanto podemos aprender quando realmente escutamos alguém!

ESFORÇAR-SE POR EXATIDÃO E PRECISÃO

Informação existe em abundância no mundo e é acessível a qualquer pessoa em qualquer lugar, basta que se tenha conexão à internet. Mas o que você faz com a informação que busca e que recebe todos os dias?

Esforçar-se por exatidão e precisão no seu trabalho demonstra compromisso com a qualidade do conteúdo e da apresentação do que produz.

Esse Hábito da mente revela a busca por aperfeiçoamento constante. Significa a disposição de se preparar para a tarefa, procurando conhecer muito bem os critérios a ser seguidos e esforçando-se por coletar os dados mais relevantes para a realização da atividade proposta. Também inclui revisões cuidadosas do que foi produzido e atenção especial à apresentação (aparência) do trabalho final.

QUESTIONAR E LEVANTAR PROBLEMAS

As pequenas conquistas que resultaram em grandes avanços para a humanidade foram — e continuam sendo — feitas por pessoas de todas as épocas, de todos os lugares, de todas as crenças, gêneros, cores e culturas. Pessoas que se dispuseram a "observar" uma situação, sem ideias preconcebidas, prestaram atenção em algo ou em alguém, perceberam um padrão ou uma incongruência em algum fenômeno e fizeram perguntas do tipo "Por que será?" ou "E se fosse diferente?".

Por que o céu é azul? O que acontece com um peixe de água salgada em um aquário de água doce? De onde vem o ser humano? E se a Terra não fosse o centro do Universo? Por que as mulheres não podem votar? Como será a Lua? Será que existem fontes de energia alternativas ao petróleo? E se as pessoas pudessem voar?

Não são as respostas que movem o mundo, são as perguntas.

E se...? (Aproveite este momento para questionar o mundo ao seu redor!)

ASSUMIR RISCOS COM RESPONSABILIDADE

Como você se sente quando precisa tomar uma decisão e não sabe que caminho escolher? Você se joga sem pensar duas vezes ou se bloqueia e não sai do lugar?

Nem oito nem oitenta! Tentar algo diferente pode ser muito enriquecedor e gratificante quando agimos com responsabilidade. A parte responsável do risco corresponde à informação que buscamos antes de nos lançarmos a um desafio.

Avaliar as diferentes possibilidades levantadas e refletir sobre as consequências de uma escolha são atitudes que reduzem a chance do "inesperado" e proporcionam mais segurança e confiança para fazer algo novo e, assim, explorar todas as nossas capacidades.

PENSAR E COMUNICAR-SE COM CLAREZA

Você já percebeu como sua comunicação é mais eficaz quando o tema está bem organizado na sua mente? Ou quando explica uma ideia com exemplos para facilitar a compreensão do outro?

Pensamento e comunicação são inseparáveis. Por isso, é importante empregar os termos corretos e mais adequados sobre o assunto, evitando generalizações, omissões ou distorções de informação, e reforçar suas afirmações com explicações, comparações, analogias e evidências.

A preocupação com a comunicação clara, que começa no pensamento, melhora sua habilidade de fazer críticas tanto sobre o que lê, vê ou ouve quanto em relação às falhas de compreensão, podendo, assim, corrigi-las. Esse conhecimento é a base para uma ação segura e consciente.

APLICAR CONHECIMENTOS PRÉVIOS A NOVAS SITUAÇÕES

Todos nós aprendemos com a experiência, mas nem todos percebemos isso com tanta facilidade. Ser capaz de aplicar o que sabemos em diferentes situações é a grande função do estudo e da aprendizagem. E isso não depende apenas do seu livro, da sua escola ou do seu professor; depende da sua atitude também!

Aplicar conhecimentos prévios a novas situações significa transformar informação em conhecimento, e conhecimento em ação. Significa dar sentido prático à sua aprendizagem e às suas experiências.

Use os conhecimentos e as experiências adquiridos dentro e fora da escola como fonte de dados para apoiar suas ideias, para prever, entender e explicar teorias ou processos para resolver cada novo desafio.

Estes são 9 dos 16 Hábitos da mente descritos pelos autores Arthur L. Costa e Bena Kallick em seu livro *Learning and leading with habits of mind: 16 characteristics for success.*

CHECKLIST PARA MONITORAR SEU DESEMPENHO

Reproduza o quadro abaixo em seu caderno, um para cada mês do ano letivo. Preencha-o, ao final de cada mês, avaliando seu desempenho na aplicação dos Hábitos da mente na realização de suas tarefas nesta disciplina.

Classifique seu desempenho de 1 a 10, sendo 1 o nível mais fraco e 10 a sua máxima satisfação em relação ao uso do Hábito da mente.

Use a coluna *Observações pessoais* para anotar sugestões de atitudes a tomar no mês seguinte ou para registrar a aplicação do Hábito da mente em outros momentos do seu cotidiano.

Hábitos da mente	Neste mês eu...	Desempenho	Observações pessoais
Controlar a impulsividade	Pensei antes de agir. Investi parte do meu tempo em entender as orientações das tarefas.		
Persistir	Não desisti com facilidade. Tentei diferentes estratégias para resolver problemas difíceis.		
Pensar com flexibilidade	Busquei ou aceitei alternativas diferentes e considerei opções para solucionar questões.		
Escutar os outros com atenção e empatia	Escutei as ideias dos outros. Guardei as minhas opiniões para entender o ponto de vista e as emoções do outro.		
Esforçar-se por exatidão e precisão	Revisei meus trabalhos. Busquei exatidão, precisão e maestria em tudo o que fiz.		
Questionar e levantar problemas	Busquei conhecer os dados necessários para resolver as questões. Fiz bons questionamentos e levantei problemas para resolver.		
Assumir riscos com responsabilidade	Informei-me sobre as consequências possíveis de uma decisão e lancei-me então aos desafios.		
Pensar e comunicar-se com clareza	Organizei as ideias na minha mente. Consegui me comunicar de forma clara, evitando generalizações, distorções e omissões de dados.		
Aplicar conhecimentos prévios a novas situações	Coloquei o que aprendi em prática em situações diferentes.		